지갑
방
책상

일러두기

• 이 책은 『金持ちになる人の財布, 貧乏になる人の財布』의 번역서로, 『지갑, 방, 책상』(2014) 재출간 도서이다.
• 본문에 나오는 금액은 원서 출간 당시(2014)의 엔화, 괄호 속 한화는 2023년 5월 환율을 기준으로 하였다.

부의 시작점

지갑
방
책상

하네다 오사무 지음 | 이용택 옮김

아템포

이번에야말로
꼭 돈을 아끼고 많이
모아야지!

……라고 얼마나 여러 번 결심했던가?
하지만 현실은 꽤 팍팍하다.

가계부를 적는다.

↓

작심삼일······

생활비를 줄인다.

↓

필요 없는 물건을
무심코 사버린다······

술과 담배를 끊는다.

↓

좀처럼 끊지 못한다······

절약은 의지만으로 지속할 수 없다.
절약에는 특별한 '기술'이 필요하다.

수많은 사람이 무턱대고
절약에 도전하다가 금세 좌절을 맛본다.

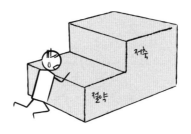

절약을 시도하기 전에 해야 할 일이 있다.

그것은 바로……

지갑 정리·정돈

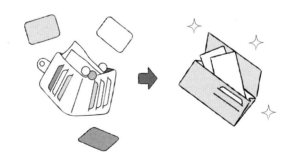

절약을 시도하기 전에 '정리·정돈'부터 시작하라.
그러면 절약의 난관이 한결 낮아지고,
돈을 수월하게 모을 수 있다.

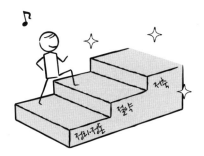

정리·정돈을 하면 돈이 쌓인다

쉽게 믿기지 않겠지만,
이는 이론과 경험으로 뒷받침되는 사실이다.

자, 이제부터 여러분도 '정리·정돈'이라는 기술을
무기로 삼아 돈을 모아보자.

일본 최고 비용 절감 컨설턴트의 재테크 노하우

우선 자기소개부터 하겠다.

나는 공장 비용 절감 컨설턴트 하네다 오사무라고 한다. 대학원을 졸업한 후 농기계, 건설기계, 파이프, 주택 재료 등을 만드는 주식회사 구보타에 입사했다.

이 회사 공장에서 에너지 절약, 품질 개선, 생산성 향상 등의 업무에 종사했다. 나는 이런 경험을 살려 이 분야의 전문가가 되어 일본의 기간산업인 '제조업' 발전에 공헌하고 싶었다. 그래서 컨설팅 회사로 이직한 후 지금에 이르렀다.

현재, 나는 컨설턴트로서 화학·금속 공장의 비용 절감에 특화해서 에너지 절약, 품질 개선, 작업 개선, 5S(정리seiri, 정돈seiton, 청소

seisou, 청결seiketsu, 습관sitsuke의 머리글자를 딴 조어—옮긴이) 등을 지도하고 있다.

클라이언트 중에는 대기업이 많으며, 나는 50곳 이상의 공장에서 컨설팅을 하고 있다. 하나의 프로젝트마다 반년에서 1년 정도의 시간이 소요된다. 프로젝트의 목표 달성률은 95%이고, 클라이언트로부터 실적을 높이 평가받아 재계약하는 비율은 80%에 이른다. 이런 식으로 나는 최근 10년 동안 99억 엔의 비용을 절감하는 데 성공했다. 그야말로 '일본 최고'라고 할 수 있는 수치다.

그런 내가 왜 돈과 정리·정돈을 주제로 이 책을 쓰게 되었을까 하고 궁금해하는 독자가 있을지도 모르겠다. 이 책에서는 지갑과 방, 그리고 책상 주변을 정리·정돈하면 돈이 저절로 모인다는 점을 설명한다. 요컨대 이 책의 주제는 '정리·정돈을 하면 돈이 쌓인다'는 것이다.

공장을 정리·정돈하는 것도 이와 마찬가지다. 나는 지금까지 수많은 공장을 둘러보며 한 가지 사실을 확실히 깨달았다. 그것은 바로 돈을 많이 버는 공장은 '정리·정돈'을 중요시한다는 점이다.

정리·정돈을 통해 해야 할 일을 당연하게 해내는 사람을 육성하고, 제품의 품질을 높이는 동시에 비용을 절감하면 돈을 많이 버는 공장이 되는 것이다.

나는 공장의 정리·정돈과 개인의 정리·정돈이 같은 이치라고 생각한다. 공장의 정리·정돈으로 이루어지는 비용 절감 기법을 개인에게 적용할 수 있다. 그러면 개인도 절약을 실천하고 저축액을 늘릴 수 있다.

나에게는 또 다른 직업이 있다. 바로 아파트 임대 사업자라는 직업이다. 나는 서른세 살 때, 그동안 모아놓은 돈으로 아파트를 샀다. 아파트를 산 목적은 임대 수입을 얻어 생활 기반을 안정시키기 위해서였다. 설령 나에게 불행한 일이 닥치더라도 가족을 길거리에 나앉게 하지 않기 위한 대비책이다. 지금도 아파트를 꾸준히 사면서 자산을 구축하는 중이다.

아파트 주인으로서 각 세대를 방문하며 깨달은 점이 있다. 그것은 월세 납부를 자꾸 미루는 세입자의 집은 대체로 어지럽고 지저분하다는 사실이다.

이런 경험들을 할 때마다 '집이 정리·정돈되어 있지 않으면 돈이 모이지 않는다'는 사실을 뼈저리게 느끼게 된다. '월세 체납자의 지저분한 방'과 '돈을 많이 버는 깨끗한 공장'을 비교해보고 나서, '정리·정돈을 하면 돈이 모인다'고 확신하게 되었다. 이 사실을 깨닫는 순간 '찌리릿' 하고 전기가 통하는 듯한 느낌을 받았다.

나는 지금까지 '정리·정돈을 하면 돈이 모인다'는 사실을 믿고 스스로 실천해왔다. 그리고 '정리·정돈 → 절약 → 저축'의 사이클을 수없이 되풀이하며 자산을 차곡차곡 쌓아왔다.

돈을 모으는 방법은 딱 세 가지다. '수입을 늘리거나', '지출을 줄이거나', '자산을 운용하거나'이다. 그중에서 '지출을 줄이는 방법(즉, 절약)'은 위험 부담 없이 손쉽게 실천할 수 있다. 그 때문에 수많은 사람이 절약을 시도하지만, 뜻밖에도 꾸준히 실천하기는 어렵다. 다이어트나 금연과 마찬가지로, 절약을 시도하면서 여러 번 좌절을 겪는 사람이 많은 이유다.

절약한답시고 느닷없이 지출을 딱 끊거나 무턱대고 가계부를 쓰기 시작하기 때문에 실패한다. 앞에서 말했듯이 정리·정돈이라는 발판을 두어야만 절약하는 습관을 익히고 실천할 수 있다.

'정리·정돈'과 '저축'이 어떤 관계에 있는지 감이 오지 않는 사람이 대부분일 것이다. 하지만 걱정하지 마시라. 지금부터 정리·정돈과 저축의 인과관계를 차근차근 설명해보도록 하겠다.

이 책은 다음과 같이 구성되어 있다.

Part 1. 우리가 돈을 못 모으는 이유에서는 많은 사람이 저축하는 데 실패하는 진정한 이유가 무엇인지 설명한다.

Part 2. 정리·정돈을 하면 왜 돈이 쌓이는가에서는 정리·정돈과 저축의 인과관계를 밝힌다. 정리·정돈이 발휘하는 절대적인 힘을 깨달을 수 있을 것이다.

Part 3. 당신의 지갑에서 돈이 새고 있다에서는 정리·정돈의 첫 번째 단계인 지갑의 정리·정돈에 관해 설명한다. 돈을 모으려면 방보다도 먼저 '지갑부터 정리·정돈하는 것'이 핵심이다. 지갑을 얼마나 깔끔하게 정리·정돈하느냐가 부자와 가난한 사람을 가르는 관건이라고 할 수 있다.

여기에서는 작심삼일로 끝나지 않고 가계부를 꾸준히 쓸 수 있는 비결도 설명한다. 나는 학자금을 대출해서 대학교를 다녔기 때문에 졸업할 때는 350만 엔(한화로는 약 3400만 원)의 빚을 떠안게 되는 상황이었다. 그러나 빚에 허덕이는 게 두려웠던 나는 스무 살 때부터 가계부를 쓰면서 절약을 시작했다. 그 덕분에 단 3년 만에 빚을 완전히 갚을 수 있었다.

Part 4. 책상 위는 성스러운 장소다에서는 방 안에서도 특히 중요한 책상을 정리·정돈하는 방법을 소개한다. 책상만큼은 늘 정리·정돈되어야 하는 '성지(聖地)'로 삼아야 한다. 그렇게 되면 돈이 모이는 환경이 저절로 조성된다.

Part 5. 군더더기 없는 깔끔한 방이 될 때까지!에서는 물건을 버리는 비결이나 물건을 즉각 꺼낼 수 있는 기술 등 생활용품을 정리·정돈하는 방법을 설명한다.

정리·정돈을 하지 못하거나 돈을 모으지 못하는 것은 의지가 약하기 때문이 아니다. 의지가 있더라도 그 의지를 살릴 수 있는 '기술'이 없다면, 정리·정돈이든 저축이든 꾸준히 실천할 수 없다.

이 책에서 소개하는 기법에는 내가 실제 생활 속에서 실천해온 노하우와 지혜가 가득 담겨 있다. 이는 다시 말해 절약의 '기술'이나 다름없다. 따라서 이 책의 기법을 잘 이해하고 실천할수록 절약의 효과가 크리라 확신한다.

아무쪼록 독자 여러분 모두 이 책에서 소개하는 '돈이 들어오는 정리·정돈의 기술'을 활용해서, 돈이 저절로 쌓이는 지갑과 행복한 인생을 손에 쥐기 바란다.

하네다 오사무

정리·정돈을 하면 왜 돈이 쌓이는가

Part 3 돈을 부르는 기적의 정리·정돈 1단계

당신의 지갑에서 돈이 새고 있다

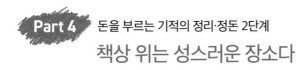

Part 4 돈을 부르는 기적의 정리·정돈 2단계

책상 위는 성스러운 장소다

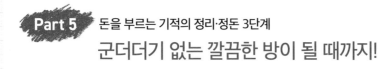

Part 5 돈을 부르는 기적의 정리·정돈 3단계
군더더기 없는 깔끔한 방이 될 때까지!

Part 1

우리가 돈을
못 모으는 이유

'이번에는 진짜로 돈을 모아야지!' 하고
마음먹어도 결국에는 좌절만 맛보게 되는 이유는 무엇일까?
이는 '무턱대고 절약하려고만 들었기 때문'이다.
돈을 모으려면 우선, 돈을 모으지 못하는 원인부터 알아야 한다.

근본부터 **어긋난** 지금까지의 **저축법**

저축에도 이론이 있다

왜 돈을 저축하지 못하는 것일까? 왜 '이번에야말로 꼭 돈을 모아야지!' 하고 결심해도 매번 저축액이 늘어나지 않는 것일까?

그 답은 매우 간단하다.

저축하지 못하는 이유는 월급 액수 이상의 돈을 매달 써버리기 때문이다. 지출액이 수입액과 같거나 그보다 많다면 저축할 돈이 남지 않는 것은 당연한 일이다.

이 '저축 이론'은 다음과 같은 공식으로 나타낼 수 있다.

저축액 = (수입-지출) + (자산×수익률)

이 공식에서 '자산'이란 저축이나 주식 등의 재산을 말한다. '수익률'이란 저축 이자, 주식 배당금 등 투자 원금에 대한 수익의 비율을 말한다.

저축에 실패하는 사람은 월급을 받은 날부터 저축액이 꾸준히 줄어든다. 월급을 한 달 만에 전부 써버리면 당연히 저축액은 늘어나지 않는다. 만일 자산이 저축밖에 없다면, 쥐꼬리만 한 은행 이자 외에는 불어날 자산이 없다.

한편 수입액이 지출액보다 많은 사람은 그만큼 저축액이 늘어난다. 또한 주식이나 부동산 등의 자산을 운용하는 사람이라면 배당금이나 임대 수입을 기대할 수 있으므로 그만큼 저축액이 증가할 것이다(물론 자산 운용에 실패하면 저축액이 줄어든다).

매우 당연한 이야기이지만, "저축하기 힘들다"고 투덜거리는 사람의 머릿속에는 하나같이 '저축 이론' 공식이 들어 있지 않다. 월급날이 되기도 전에 한 달 수입을 남김 없이 써버리는 사람도 있다. 어떤 의미에서는 '빈털터리가 될 때까지 잘도 쓰는구나!' 하고 감탄할 정도다. 지출에 대한 그 열의를 저축하는 데 쓴다면 얼마나 좋을까?

그런데 수입액과 지출액이 똑같은 사람보다 더 걱정되는 사람도 있다. 바로 낭비하는 습관 때문에 사채에 손을 대거나, 소비자금융 혹은 신용카드로 빚을 지는 사람이다.

보너스나 인센티브로 가계 적자를 메우거나 적금통장 등을 '깨는' 행위를 나는 '자체 빚'이라고 부르는데, 이것도 해서는 안 되는 행동이다. 어쩌다 한 번 충동적인 지출을 할 수도 있으므로 '자체 빚'을 완전히 없애기는 어렵다. 하지만 한 달 수입의 범위에서 그럭저럭 살림을 꾸려나갈 수만 있다면, 그것만으로도 가계는 탄탄해질 것이다.

저축 이론의 공식을 살펴보면 수입이 적거나 지출이 많거나 자산 운용을 하지 않는 상황에서는 저축액이 매우 적거나 없다는 사실을 알 수 있다. 반대로 말하면, 수입을 늘리거나 지출을 줄이거나 자산을 (성공적으로) 운용하면 저축액이 늘어난다.

중요한 점이기 때문에 거듭 강조하겠다. 저축액을 늘리기 위해서는 '수입을 늘리거나', '지출을 줄이거나', '자산을 (성공적으로) 운용하는' 세 가지 방법밖에 없다.

그러면 저축액을 늘리는 세 가지 방법 가운데 가장 쉽게 실천할 수 있는 방법은 무엇일까? 애초에 방향을 잘못 잡으면 저축액을 늘리는 데 시간이 오래 걸리거나, 최악의 경우 저축액이 전혀 늘어나지 않는 결과를 낳을 수 있다. 따라서 지금부터 이 세 가지 방법을 하나하나 살펴보고 어떤 방법이 가장 좋은지 알아보겠다.

● 돈을 못 모으는 사람, 돈을 모으는 사람

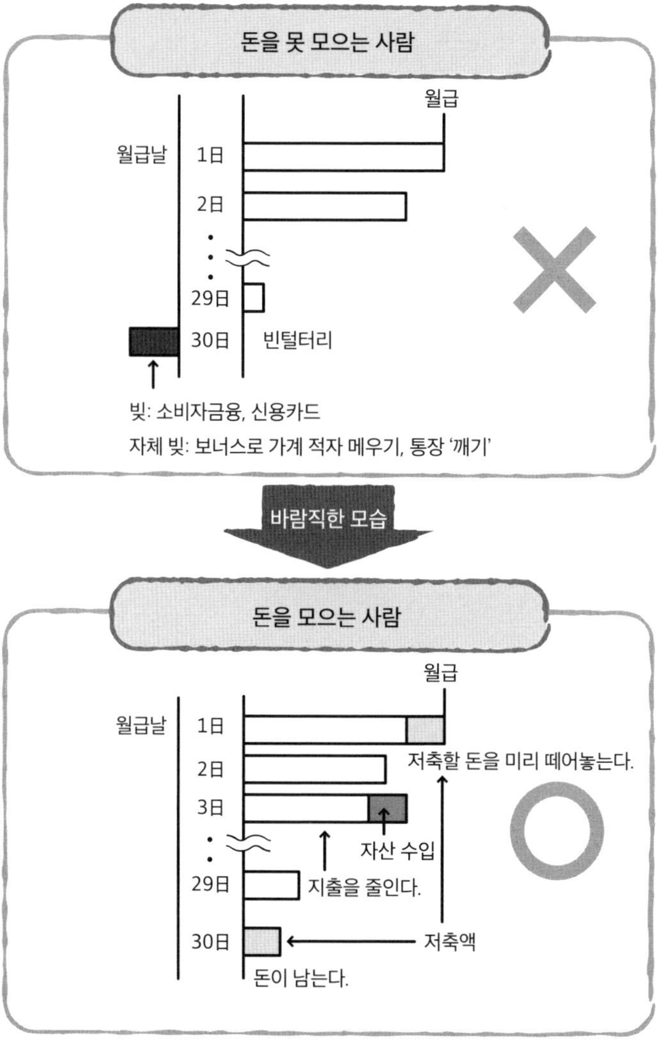

돈을 못 모으는 사람
월급
월급날
1日
2日
29日
30日
빈털터리
빚: 소비자금융, 신용카드
자체 빚: 보너스로 가계 적자 메우기, 통장 '깨기'
바람직한 모습
돈을 모으는 사람
월급
월급날
1日
2日
3日
저축할 돈을 미리 떼어놓는다.
자산 수입
29日
지출을 줄인다.
30日
저축액
돈이 남는다.

저축하는 방법은 오직 세 가지뿐

① 수입 늘리기: 현실적으로 어렵다

먼저 '수입을 늘리는 방법'부터 살펴보겠다.

연봉제를 채택하는 기업이 늘고 있다. 그러나 정서적으로나 실질적으로 볼 때 연공서열의 경향이 강하다. 말하자면 월급이 어느 순간 확오르는 일은 일어나지 않는다. 갑자기 사장을 찾아가 "월급 좀 올려주세요!"라고 말해봤자, "미쳤나!" 하는 핀잔만 들을 게 뻔하다.

야근 수당을 받기도 어려워졌다. 사무직이나 관리직에는 아예 야근수당을 지급하지 않는 회사가 많다. '야근 없는 날'을 정하는 곳도 있다. 야근하려면 미리 신청하고 그 사유를 의무적으로 설명하게 하는등 야근을 최대한 억제하는 방침을 취하는 회사도 많다.

임금이 싼 중국이나 동남아시아와 경쟁하는 기업들은 인건비를 줄이는 데 아득바득한다. 그래서 정규직 사원을 줄이고, 비정규직 사원을 늘리는 방향으로 흘러가고 있다.

이직해서 수입을 늘리기도 어려운 상황이다. 정규직 사원이 줄어드는 경향이다. 일반적으로 이직한 후 연봉이 높아지는 비율은 28세에 이직할 때 50%다. 이때를 정점으로 나이가 많아질수록 그 비율이 점점 줄어든다. 41세 이상이 되면 연봉을 높여 이직하는 비율이 20%로 떨어진다(헤드헌팅 회사 '리크루트 에이전트'의 조사). 이직하더라도 자신만의 특기가 없다면 연봉 인상은 실현될 수 없다. 게다가 자신만의 특기를 갈고닦는 데는 꽤 많은 시간이 걸리기 마련이다.

나도 이직해본 경험이 있다. 그 당시 이직할 회사를 정하기까지 1년이 걸렸다. 연봉은 올랐지만 저렴한 사택에서 값비싼 임대주택으로 이사해야 했기 때문에 늘어난 연봉이 주거비로 충당되어 생활 수준은 변함이 없었다.

회사를 그만두고 창업하는 방법도 있다. 그러나 창업하고 나서 10년 후에 폐업할 확률은 30%, 20년 후에 폐업할 확률은 50%다(한국은 더 심각하다. 창업 후 1년 이상 생존율이 50%, 5년 이상 생존율은 20%에 지나지 않는다-옮긴이). 창업 후에는 치열한 생존 경쟁이 기다리고 있는

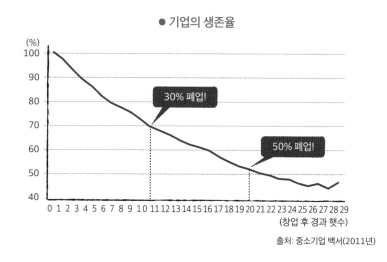

● 기업의 생존율

(창업 후 경과 햇수)

출처: 중소기업 백서(2011년)

셈이다.

회사에 다니며 부업을 하는 방법도 있지만, 사내 규정으로 부업을 금지하는 회사가 많으므로 조심해야 한다. 무엇보다도 회사에 다니면서 따로 부업을 할 여력이 있다면 본업에 좀 더 충실하게 임하는 것이 비즈니스맨으로서의 기본 자세가 아닐까.

② 자산 운용: 비전문가가 하기에는 장벽이 높다

이어서 '자산 운용으로 수익률을 높이는 방법'을 살펴보겠다.

은행의 정기예금 금리는 0.035%(유초은행 1년 정기예금, 2012년 현재)다. 1년 동안 10만 엔(약 98만 원)을 은행에 넣어두어도 이자는 겨우 35엔(약 340원)밖에 붙지 않는다. 오늘날은 은행에 예금해서 이자가 불어나기를 기대하기 어려운 상황이다(한국에서도 제1금융권 정기예금 평균 금리가 2013년 현재 2.8% 수준으로, 저금리에 허덕이고 있다. 자산을 정기예금에만 넣어두면 시간이 갈수록 자산 가치가 떨어지는 시대에 접어든 셈이다─옮긴이).

그 외에도 주식 투자, 투자 신탁, 외환 거래 등 여러 가지 투자 수단이 있다. 투자를 하려면 종잣돈이 필요하지만, 잘만 운용하면 높은 수익을 올릴 수 있다.

하지만 내가 투자를 해본지라 자신 있게 말할 수 있는데, 투자로 성공하는 사람은 남들보다 곱절로 열심히 공부하고 실천하는 사람이다.

게다가 거듭된 실패로 자신의 돈까지 날리면서 경험을 쌓는다. 투자로 성공하는 사람의 센스와 노력은 아무나 따라 할 수 없다.

또한, 주식 투자에도 다양한 기법이 있다. 시가총액이 큰 대형 주식을 노리는 방법, 시가총액이 작은 소형 주식을 노리는 방법, 기업 가치를 중시하는 기본적 분석, 지표를 중시하는 기술적 분석……. 결제 기간으로 분류하면 데이트레이딩, 중기 운용, 장기 운용……. 이처럼 투자 기법은 한없이 많다.

더구나 상장회사는 무려 3500곳이나 된다(한국 증시에 상장된 회사는 2013년 9월 현재 1760곳이다-옮긴이)! 그 가운데서 투자할 회사를 고르고 '얼마에 사서 얼마에 팔지' 끊임없이 결단을 내려야 한다. 이처럼 투자의 세계는 매일같이 노력하고 꾸준히 공부해야 간신히 돈을 벌 수 있는 분야이다.

다시 말해, 투자를 위해서는 종잣돈과 공부가 필요할 뿐 아니라 자신의 돈을 날릴 위험까지 감수해야 한다. 지식이 부족한 비전문가에게는 진입 장벽이 높은 셈이다. 물론 투자로 큰 성공을 거두는 사람도 있지만, 그 수는 정말 손가락에 꼽을 정도로 적다.

③ 지출 줄이기: 누구나 할 수 있는 방법

마지막으로 '지출을 줄이는 방법'을 살펴보겠다.

저축은 수입뿐만 아니라 지출과도 밀접한 관계가 있다. 연봉을

1000만 엔이나 받는 사람이라도 지출 또한 1000만 엔이라면 저축할 돈은 한 푼도 없다(물론 돈을 펑펑 쓰는 만큼 윤택한 생활을 하겠지만). 반면에, 연봉을 300만 엔밖에 못 받는 사람이라도 지출이 200만 엔이라면 100만 엔을 저축할 수 있다.

앞에서 설명했듯이 '수입을 늘리는 방법'이나 '자산 운용'은 저축액을 늘리기까지 수많은 난관을 거쳐야 하므로 지대한 노력과 오랜 시간이 필요하다.

하지만 '지출을 줄이는 방법(즉, 절약)'은 물건을 사지 않거나 사는 양을 줄이면 되기 때문에 지금 당장이라도 쉽게 실천할 수 있다. 투자처럼 불시에 돈을 날릴 위험도 없다. 스스로 통제할 여지가 많으므로 꾸준히만 실천하면 확실히 저축액을 늘릴 수 있다. 따라서 저축액을 늘리려면 절약부터 실천하는 게 왕도(王道)이다.

어찌 보면, 자신의 지출조차 통제하지 못하는 사람이 수입을 늘리거나 투자에 성공하기란 정말이지 요원해 보인다.

● 돈을 모으는 세 가지 방법

1 수입을 늘린다.

회사원 - 출세, 자격증 수당, 야근 수당, 이직 등
부업 - 아르바이트, 인터넷 옥션 판매, 어필리에이트(affiliate: 제휴 광고·
　　　판매) 등
창업 - IT업, 서비스업, 요식업, 제조업 등

돈이 모인다

2 자산을 운용한다.

주식 투자 - 데이트레이딩, 가치 투자, 공모주 투자 등
상품 선물 - 금, 은, 백금, 원유, 휘발유, 콩, 커피 등
외환 거래 - 달러, 유로, 파운드, 호주 달러, 뉴질랜드 달러 등
부동산 투자 - 아파트, 빌라, 건물, 부동산 증권화 상품, 주택 등

3 지출을 줄인다.

변동비 - 식비, 의류비, 유흥비, 소모품 등
고정비 - 집세, 통신비, 보험료, 자동차 유지비 등

절약부터
실천하는 것이 왕도!

2장

목적 없는 저축은
밑 빠진 독에 물 붓기

●

당신은 '왜' 저축하려고 하는가

한 가지 질문을 하겠다. 독자 여러분은 무엇을 위해서 돈을 모으려고 하는가?

사실 돈을 모으지 못하는 가장 큰 이유는 돈을 모으려는 '목적'을 정하지 않았기 때문이다. 특별한 목적이 없다면 돈 모으는 일을 금세 포기해버리기 쉽다. 꿈이든 목표든, 돈을 모으는 '목적'을 명확히 정해야 비로소 돈을 모으려는 강렬한 동기가 생겨나는 법이다.

세상에는 언뜻 보기에 돈과 관계없는 고민이나 문제라도 잘 생각해보면 돈으로 해결할 수 있는 것이 많다.

예를 들어, 결혼에 관해 생각해보자. 여성이 결혼 상대를 구하는 조건을 살펴보면 경제력(93.9%)과 직업(85.8%)을 중시하는 비율이 높다(『2012년 아이·육아 백서』).

일본 내각부가 실시한 '결혼·가족 형성에 관한 조사(2011년)'에서 20~30대 남성 기혼자 중 연봉 300만 엔 이상이 25~40%인 데 비해, 연봉 300만 엔 미만은 8~10%에 그쳤다. 미혼 남성이 연봉 300만 엔 미만이라면 결혼하기 어렵다는 뜻이다(41쪽 '연봉별 기혼자의 비율' 참조).

"사랑하기만 하면 돈은 없어도 상관없어요. 돈이야 둘이서 힘을 합쳐 모으면 되지요!"라고 말하는 멋진 여성이 있다면 이야기는 달라질 것이다. 하지만 결혼이라는 엄연한 현실을 생각하면, 여성은 아무래도 수입이 낮은 남성을 꺼리는 경향이 강하다.

여성으로서는 아이가 생겼을 때 출산 비용, 육아 비용, 교육 비용, 주거 비용이 가계에 부담을 주지 않을지 불안해지기 마련이다. 생활이 어려워질 것으로 판단되면 결혼하고 싶은 생각이 들지 않는 것도 당연하다. 아무도 노골적으로 이야기하지 않지만, 결혼하기 위해서는 어느 정도의 돈이 필요하다는 사실을 부정할 수 없다.

다행히 어느 정도의 돈이 있어서 무사히 결혼했다고 하더라도 일단 결혼하면 많든 적든 부부 싸움이 일어나기 마련이다. 하쿠호도생활종합연구소의 조사에 따르면 부부 싸움의 원인 가운데 35.5%가 '돈 문제'인 것으로 나타났다. 경기 침체의 영향 때문인지 돈 문제로 일어나는 부부 싸움이 최근 10년 동안 증가하는 경향을 보인다(41쪽 '부부 싸움의 원인' 참조).

이 조사는 수많은 부부 싸움의 원인을 보여주는데, 결국에는 돈과 관련된 문제가 많다.

'자녀 문제'도 따지고 보면 '돈 문제' 때문이다. 자녀를 유명 학원이나 사립학교에 보내려는 욕심이 교육비 부담으로 나타나서 부부 사이에 갈등을 일으키는 일이 비일비재하다. 아이의 공부방을 마련해주기 위해 집을 무리하게 넓히려고 빚을 지는 사례도 있다.

'남편 문제'도 죄다 '돈 문제' 때문이다. 남편이 매일같이 밤늦게 들어오는 것에 불만을 품는 아내가 많은데, 이것은 부부 싸움의 흔한 원인이다. 이 경우의 근본적인 원인은 남편이 밤늦게까지 일해서 한 푼이라도 더 벌어야만 하는 절박한 처지에 있다. 남편은 기본급이 시원치 않아서 야근 수당이라도 더 벌어볼 요량으로 야근을 자원하기도 한다. 아내가 남편의 늦은 귀가에 불만을 터뜨릴 때마다 남편으로서는 자신의 힘든 상황을 아내에게 솔직하게 털어놓고 싶은 심정이다. 그러나 괜히 약한 모습을 보이기 싫어 "요즘 따라 일이 바빠서 그래" 하고 적당히 얼버무리기 마련이고, 부부 사이의 갈등은 깊어지게 된다.

'집안일 문제'도 거의 '돈 문제' 때문이다. "가끔 외식하고 싶다", "설거지를 도와달라", "집안일을 잠시 쉬고 여행을 다녀오고 싶다" 같은 아내의 불만이 부부 싸움으로 이어지기도 하는데, 이것도 실은 돈이

● '연봉별 기혼자의 비율'과 '부부 싸움의 원인'

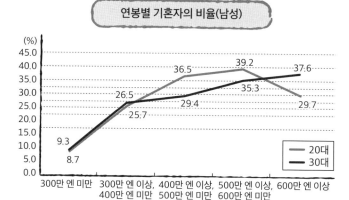

연봉별 기혼자의 비율(남성)

출처: 내각부 '결혼·가족 형성에 관한 조사(2011년)'
주: 조사 대상은 20~39세의 남녀. 기혼자는 결혼 3년 이내. 성별, 연령대, 결혼 여부에 관해서는
총무성 '국세조사 보고(2005년)'를 참고해서 가중표집법으로 집계했다.

부부 싸움의 원인

(%)

원인(복수 응답)	1988	1998	2008	20년 동안의 변화
자녀 문제	58.1	46.6	48.3	-9.8
돈 문제	27.4	27.8	35.5	+8.1
남편 문제	28.0	29.6	33.2	+5.2
집안일 문제	20.9	22.4	20.3	-0.6
부모 문제	17.0	19.2	16.8	-0.2
아내 문제	18.6	14.7	14.7	-3.9
이웃 문제	3.4	2.3	1.8	-1.6

출처: 하쿠호도생활종합연구소(2008년 조사)

없어서 일어나는 싸움이다. 돈만 있으면 청소 로봇이나 전자동 세탁·건조기 등 최신 가전제품을 사서 집안일을 훨씬 편하게 할 수 있다. 그러면 아내의 불만도 줄어들 것이다.

우리 집에서는 식기세척건조기를 사고 난 후부터 식사 후 뒷정리 때문에 싸우는 일이 거의 사라졌다. 극단적으로 말해, 가사도우미 한 사람 고용할 돈만 있다면 집안일 때문에 싸우는 일은 완전히 사라질 것이다[2005년에 여성가족부가 만 15세 이상 5973명(남성 2738명, 여성 3235명)을 상대로 실시한 '가족 실태 조사'에 따르면, 부부 사이의 갈등 원인에 대한 복수 응답에서 남녀 모두 '경제적 어려움(58.3%, 56.8%)'을 부부 갈등의 1순위로 꼽았다. 한국에서도 부부 싸움의 가장 큰 원인은 '돈 문제'인 셈이다—옮긴이].

돈은 행복해지기 위해 필요하다

앞선 조사에서는 부부 싸움의 원인 가운데 35.5%가 '돈 문제'였다. 하지만 그 밖의 원인을 파고들어 따져보면 결국 50~70%가 '돈 문제'로 귀결됨을 알 수 있다.

그 외에도 '영어를 배우기 위해 회사를 그만두고 유학을 떠나고 싶다'거나, '다이어트를 위해 뷰티클리닉에 다니고 싶다'는 바람도 그만큼 돈이 있어야 실현할 수 있다. '좋아하는 옷이나 액세서리를 사고 싶다'거나, '여행을 떠나고 싶다'는 바람도 돈만 충분히 있다면 해결할 수 있는 문제다.

이렇듯 돈은 자신의 꿈과 목표를 이루기 위한 가장 강력한 도구 중하나다. 추상적으로 말하면, 자신과 가족의 행복을 위해 돈이 존재한다. 돈이 있으면 인생의 선택지가 무한정 늘어나기 때문이다.

연령에 따른 각 인생 단계에서 이루고 싶은 목표나 꿈은 각기 다르다. 사람에 따라 돈을 모으려는 동기도 다양할 것이다. 어쩌면 나이가들수록 인생의 목표나 꿈도 점점 커지고 다채로워질지도 모른다.

그런데 돈을 모으려는 일 자체가 목적이 되면 돈을 제대로 모을 수 없다. 이것은 매우 중요한 사실이다. 자신의 꿈과 목표를 명확히 정하고, 그 꿈과 목표를 위해 돈을 모아야 한다. 그것이 훨씬 강력한 동기로 작용하기 때문이다.

지금부터 '돈을 모으려는 동기'를 명확히 정해두자. 그것이 절약의 추진력으로 이어질 것이다.

3장

정리·정돈, 절약에 대해
우리가 몰랐던 가장 **단순한 진실**

●

의지력만으로 절약하기는 힘들다

앞서 나는 다음과 같이 제안했다.

"수입을 늘리고 자산을 운용해서 저축액을 증가시키는 일에는 엄청난 노력이 필요하고, 저축액을 어느 정도 수준까지 증가시키는 데도 시간이 오래 걸린다. 그러므로 실천하기 쉬운 절약부터 시작해야 한다."

그러나 현실적으로 볼 때 절약도 생각만큼 만만치 않다.

절약에는 심리적인 장벽이 있다. 지금까지 사던 물건을 앞으로는 사지 않고 참아야 하기 때문이다. "쇼핑할 때가 가장 행복하다"고 말하는 사람에게 물건 구입을 줄이는 절약은 엄청난 저항감을 불러일으킨다. 특히, 부양할 가족이 있다면 생활 수준이 다소 떨어질 것을 각오해야 한다.

절약하려고 해도 '어디서부터 실천해야 할지'가 고민이다. 잠시 어려운 용어를 쓰자면, 가계 지출은 '변동비'와 '고정비'로 나눌 수 있다. 이 용어는 절약에서 중요한 핵심 단어이므로 꼭 기억해주기 바란다.

식비, 의류비, 전기료, 가스요금, 수도요금, 오락비, 소모품비는 '변동비'다. 다시 말해 변동비는 매월 사용하는 금액이 변하는 비용을 말한다. 한편 집세, 통신비, 보험료, 자동차 유지비는 '고정비'다. 이처럼 고정비는 매월 사용하는 금액이 일정한 비용을 말한다.

우선 고정비부터 줄이는 것이 절약의 원칙이다. 그런데 이것은 약간 까다로운 면이 있다. 예를 들어, 값싼 보험으로 갈아타려고 한다면 우선 보험 회사를 조사하고, 여러 보험의 보상 내용을 검토하고, 새로 계약을 맺어야 한다. 값싼 전화 요금제로 바꾸려고 한다면 어떤 요금제가 싼지 복잡하게 계산한 후 통신 회사 대리점에 가서 변경 신청을 해야 한다. 이메일 주소가 바뀐다면 휴대전화에 등록된 지인들에게 바뀐 이메일 주소를 일일이 알려주어야 한다(일본에서는 한국과 달리, 휴대전화 문자를 보내려면 상대방의 이메일 주소를 알아야 한다 – 옮긴이).

이처럼 고정비를 절약하는 것은 효과를 거두기까지 수많은 단계를 거쳐야 하므로, '귀찮아서 그만두기' 십상이다.

한편, 변동비를 절약하려면 일상적인 습관을 바꾸어야 한다.

예를 들어 술, 담배, 군것질용 음식, 기타 기호품 등을 줄이면 확실히 절약할 수 있다. 그래서 사람들은 '내일부터 술, 담배를 끊고 군것질을 줄여야지' 하고 마음먹고 '푼돈이 차곡차곡 쌓이는' 상상을 하며 미소를 머금지만, 어느새 작심삼일로 끝나기 마련이다.

절약을 위한 금연과 금주는 오래가지 못하는 법이다. 이는 수많은 사람의 경험을 통해 이미 알려진 바다. 사실 영어 공부나 다이어트 계획처럼 독하게 마음먹어도 꾸준히 실천하기 어렵다는 점은 절약도 마찬가지다.

이처럼 의지력만으로는 꾸준히 실천할 수 없다는 사실을 모른다면, 무엇을 하든 작심삼일로 끝날 수밖에 없다. 사람은 편한 일을 좋아하는 경향이 있다. 그러므로 하겠다고 마음먹은 것만으로는 그 어떤 실천도 따라오지 않는다. 구체적인 실행계획을 정하지 않으면 절대 실천할 수 없다.

그래서 필요한 것이 절약 실천을 위한 '기술'이다.

지금까지 돈을 모으는 데 실패한 사람은 먼저 이 '기술'을 차분히 익히기 바란다. 이 '기술'이 약간 이상하거나 잘 이해되지 않는다 하더라도 절약하기로 마음먹었다면 속는 셈 치고 끝까지 실행해보기 바란다. 머리로는 이해할 수 없어도 실행하다보면 몸으로 그 효과를 느낄 수 있을 것이다.

이렇듯 돈을 모으려면 지출을 줄이는 절약부터 시작하는 것이 왕도지만, 절약하는 습관을 몸에 익히는 것 또한 생각보다 어렵다고 할 수 있다(물론 수입 늘리기와 자산 운용은 더욱 힘들 테지만).

절약하는 습관을 몸에 익히는 방법이 바로 '정리·정돈'이다. 나는 정리·정돈을 계기로 절약 습관을 몸에 익힐 수 있었다. 그래서 이 방법을 강력히 추천하는 것이다.

정리·정돈은 절약을 꾸준히 실천할 수 있는 '기술'이다. 무턱대고 절약에 도전하다가는 실패만 맛볼 뿐이다. '정리·정돈 → 절약 → 저축액 증가'라는 과정을 차근차근 밟아나가야 한다.

정리·정돈을 잘해야 돈이 모인다

정리·정돈과 절약 사이에 어떤 관계가 있는지 의문을 품는 사람이 많을 것이다. 과연 무엇 때문에 정리·정돈이 절약에 효과적이라고 하는 것일까?

나는 아파트 임대 사업을 하고 있다. 대출을 받아 거주할 주택을 사는 것보다는 아파트를 사서 임대 수입을 얻는 편이 나아 보였기 때문이다.

임대인으로서 아파트를 관리하다보면 그 아파트를 방문해야 할 때가 자주 있다. 예전에 이런 일도 있었다. 소방법이 개정되어 모든 주택 실내에 화재경보기를 의무적으로 설치해야만 했다. 화재경보기를 설치하지 않은 집에서 화재가 발생하면 모두 임대인이 책임져야 했던 것이다.

화재경보기는 기둥에 붙이기만 하면 간단히 설치할 수 있다. 그래서 나는 굳이 설치업자에게 의뢰하지 않고 직접 아파트를 방문해서 설치하기로 했다. 그리고 화재경보기를 필요한 수만큼 샀다. 그 후 모든 세입자에게 화재경보기 설치에 관한 안내문을 보냈다. 그러고는 해당하는 날짜에 전동 드릴을 들고 각 아파트 세대를 순서대로 방문했다.

모든 아파트의 구조는 비슷비슷하지만, 그곳에 사는 세입자는 직업, 가족 구성, 가치관이 서로 상당히 달랐다. 그래서 사람들이 각각 어떻게 생활하고 있는지 살펴보는 일은 매우 흥미로웠다.

세입자들의 생활을 자세히 관찰한 결과 주목할 만한 사실을 발견했다. 월세 납부 날짜를 꼬박꼬박 지킬 뿐 아니라 평소 대화할 때도 성실함이 느껴지는 세입자의 아파트는 실내 구석구석 깨끗이 청소되어 있었고, 방도 깔끔하게 정리되어 있었다. 그런 가정이 이사해서 나갈 때 그 이유를 물어보면 "내 집 마련을 해서 이사한다"는 대답이 돌아오는 경우가 많았다.

이런 경험을 통해 나는 '성실한 사람 = 정리·정돈을 잘하는 사람 =

● 정리·정돈을 하면 저축하기 쉬워진다

힘들다!

오르기 쉽다!

돈이 모인다!

돈을 잘 모으는 사람'이라는 등식이 성립함을 깨닫게 되었다.

월세를 연체했던 이들의 방은 거의 다 지저분했다

반대로, 월세 납부를 자꾸 미루는 세입자의 아파트는 심각할 만큼 지저분한 상태였다. 내가 화재경보기 설치를 위해 방문하겠다고 미리 통지해두었는데도 말이다.

정리·정돈을 게을리하는 세입자의 우편함에 우편물이나 전단이 가득 쌓여 있는 것은 충분히 예상한 바였다. 그러나 설마 방까지 그토록 지저분할 줄은 몰랐다. 방 안에는 물건들이 여기저기 널려 있어서 발 디딜 틈도 없었다. 본인에게 물어보면 죄다 필요한 물건들이라고 대답한다. 나는 어쩔 수 없이 바닥에 널린 물건들을 양옆으로 밀어 헤친 다음에야, 화재경보기를 겨우 설치할 수 있었다.

우편함의 우편물도 잠깐 짬을 내서 정리하면 될 텐데, 그조차도 할 시간이 없었나 보다. 이토록 사소한 일조차 게을러서 하지 못할 정도이니 돈을 야무지게 모을 수 있을 리 만무하다.

그 후로도 가끔 아파트를 둘러보러 가면, 월세를 체납하는 사람의 아파트는 제때 요금을 내지 못해 전기나 가스가 끊겨 있는 때도 있었다. 어떻게 생활을 꾸려나가고 있는지 걱정스러울 정도였다.

더 심각한 사람은 집에 있으면서도 나를 들어오지 못하게 하는 세입자였다. 임대인이라고 해도 세입자의 허락 없이 함부로 그 집에 들어갈 수는 없는 노릇이다.

어떤 세입자는 내가 화재경보기 설치를 위해 몇 번이고 연락했지만, 끝내 나를 집 안에 들이지 않았다. 그러다 어느 날 갑자기 훌쩍 이사를 가버리고 말았다. 그 세입자가 이사한 후 방에 들어가봤더니 무단으로 고양이를 기르던 흔적이 발견되었다. 방은 당연히 청소되어 있지 않았다. 게다가 쓰레기 분리수거장에는 분리되지 않은 커다란 쓰레기 더미가 쌓여 있었고, 주차장에는 폐차 직전의 차가 방치돼 있었다.

마치 야반도주라도 하는 것처럼 열쇠도 돌려주지 않고 훌쩍 떠났다. 연락도 되지 않았다. 그 세입자가 나를 아파트에 들어오지 못하게 한 이유는 아마도 나에게 방을 보여줄 엄두가 나지 않아서였을 것이다.

그 후로도 그 세입자의 대응은 불성실했다. 그래서 나는 소송을 했고 법원으로부터 화해 권고 결정을 받아냈다. 나는 세입자에게 합의금을 일괄 지급해달라고 요구했지만, 세입자는 "부끄러운 말이지만, 지금 통장에 돈이 한 푼도 없으니 분할 지급하게 해주십시오"라고 대답했다. 나는 그러라고 할 수밖에 없었다.

여러 사람의 방을 둘러본 나는 다음과 같은 사실을 깨달았다.

'월세를 체납하는 사람의 방은 셀 수 없이 많은 물건이 어질러져 있

는 지저분한 방이다.'

이 점에 관해서는 부동산 관리 회사 직원이나 다른 임대인들도 나와 똑같은 의견이었다(방을 지저분하게 쓰는 모든 사람이 월세를 체납한다는 뜻은 아니니, 오해하지 말기 바란다).

집에 물건이 많다는 것은 그만큼 그 물건들을 사는 데 돈을 많이 썼다는 뜻이다. 생활의 토대가 되는 방과 물건을 제대로 통제하지 못하는 사람은 당연히 돈도 제대로 통제하지 못한다.

'체납자는 방이 지저분하다'는 사실을 뒤집어 생각하면 정리·정돈을 잘하는 사람은 저축을 꼼꼼하게 할 수 있는 깔끔한 환경에서 생활한다는 뜻이 된다.

그렇기에 정리·정돈은 저축 습관을 들이는 훈련과도 같다고 말할 수 있다. 절약에 거듭 실패하고 돈을 야무지게 모으지 못하는 사람이라면 일단 정리·정돈부터 실천해야 한다.

세계 최강 **일본 제조업**의
핵심 경쟁력, **정리·정돈**

정리·정돈, 일본 제조업의 핵심 문화

'정리·정돈을 잘하면 돈이 쌓인다'는 말은 개인뿐만 아니라 기업에도 적용된다. 기업을 '법인(法人)'이라고 부르는 데서도 알 수 있듯이 기업은 사람의 집합체다. 일본 경제를 이끌어온 제조 기업 또한 '정리·정돈으로 수익을 높였다'고 해도 과언이 아니다.

사실 기업에 관한 이야기는 좀 지루하다. 그러나 매우 중요하므로 조금만 참고 들어주기 바란다.

기업은 사회에 도움을 주고 고객을 만족시키려는 목적으로 존재한다. 기업이 존속하기 위해서는 꾸준한 수익을 올려야 한다. 기업이 수익을 올리기 위해서는 매출을 증가시키고 비용을 절감하는 수밖에 없다. 개인을 기업과 같은 차원에서 파악한다면, 저축액을 늘리기 위해서는 수입을 증가시키고 지출을 줄여야 하는 셈이다.

기업이 사용하는 기법을 개인에게 그대로 적용할 수는 없을 것이다. 하지만 기업이 수익 확대를 위해 어떻게 노력하는지 그 본질은 파악할 필요가 있다. 기업이 수익을 늘리기 위한 본질적인 개념은 개인에게도 충분히 통용될 수 있기 때문이다.

일본 제품의 품질이 좋다는 인식은 전 세계에 널리 퍼져 있다. 높은 품질의 물건을 합리적인 가격으로 제공하기 때문에 전 세계적으로 높은 점유율을 자랑하는 일본 제품이 많다. 그렇다면 일본 제조업이 고품질과 합리적인 가격을 유지할 수 있는 근본적인 힘은 어디에 있을까?

머리말에서도 밝혔듯이 나는 '공장 비용 절감 컨설턴트'로 일하면서 수많은 공장의 문제점을 진단하고 해결한다. 내 클라이언트 중에는 대기업이 많다. 대기업은 보통 높은 품질과 합리적인 가격을 유지하는 데 별 어려움이 없다. 업종과 제품이 다양해서 일괄적으로 비교하기는 어렵지만, 한마디로 정리하면 대기업 공장에는 '정리·정돈을 중요시하는 분위기'가 있다. 정리·정돈이 공장의 문화로 뿌리내려 있다고 할 수 있다. 그래서 나는 '일본의 제조업이 강한 이유는 정리·정돈에 있다'고 생각한다(정리·정돈만 잘하면 돈을 많이 버는 공장이 될 수 있다는 뜻은 아니다. 정리·정돈은 어디까지나 공장의 장점 가운데 한 요소일 뿐이다).

5S는 개인에게도 적용 가능한 기법

독자 여러분은 '5S'라는 말을 들어본 적이 있는가? '5S'란 정리(seiri), 정돈(seiton), 청소(seisou), 청결(seiketsu), 습관(sitsuke)의 머리글자를 따서 만든 단어다.

5S의 목적은 '쓸모없는 물건 줄이기' 혹은 '낭비되는 요소를 눈에 보이게 하기'이다. 일본의 제조업(공장)은 5S를 모토로 삼고 5S에 힘을 쏟는 문화가 있어서 정리·정돈 기법이 탄탄하게 확립되어 있다.

5S 관련 책은 이미 수도 없이 출판되었다. 인터넷 서점 '일본아마존'에서 검색해보니 최근 3년 동안 제목에 '5S'가 들어간 책이 14권이나 나왔다(2012년 11월 현재). 제목에 5S가 들어 있지 않아도 내용상 5S와 관련된 책까지 포함하면 그 수는 더 늘어날 것이다. 그만큼 5S는 제조업에서 중요한 요소라고 할 수 있다.

5S의 정리와 정돈 = 이 책에서 정의하는 정리·정돈

공장에서 제품을 만드는 주체는 누구인가? 바로 '사람'이다. 기계 장치를 사용하는 공장에서도 장치를 조작하고 관리하는 주체는 두말할 것도 없이 '사람'이기 때문이다. 그만큼 제조업에서는 '재산 가치가 있는 사람(즉, 인재)'이 중요하다.

일본의 제조 기업에서는 정해진 규칙을 지키고 당연한 일을 당연하게 해낼 수 있는 사람을 육성해왔다. 그리고 인재 육성 수단 가운데 하나가 '정리·정돈'이다. 정리·정돈으로 인재를 육성하고 제품의 품질을 높이고 비용을 절감하며 돈 잘 버는 공장을 만든 것이다.

이렇게 일본의 제조업은 세계적으로 자랑할 만한 고품질을 확립했다. 그 배경에는 비용 절감 노력이 있었고, 비용 절감은 정리·정돈으로부터 시작되었다. 나는 경쟁력 있는 제조 기업을 개인 차원에서 활용해서 정리·정돈에 철저히 힘쓴다면 '절약해서 돈을 모을 수 있다'고 확신한다.

'공장의 정리·정돈을 개인에게 응용하면 돈을 모을 수 있다.' 이것이 이 책의 주제 가운데 하나다. 정리·정돈으로 절약과 자기 투자를 병행하면 돈이 저절로 모이는 시스템이 만들어질 것이다.

지금까지 5S를 소개했는데, '5S 가운데 정리와 정돈'을 '이 책에서 이야기하는 정리·정돈'으로 정의한다. 엄마들은 아이들에게 흔히 "네

방 좀 치워!"라고 소리치는데, 이는 '방에 널린 물건을 버리든지 제자리에 놓으라'는 의미다. "제자리에 놓으라"는 말은 다음에 바로 꺼내 쓸 수 있도록 잘 보이는 곳에 놓으라는 뜻이다. 그리고 잘 보이는 곳에 놓으려면 쓸데없는 물건이 많아서는 안 된다. 따라서 안 쓰는 물건을 버리라는 뜻이 된다.

이 책에서 말하는 '정리·정돈'도 이와 같다. 정리·정돈이란 '물건을 버리고(정리), 바로 꺼내 쓸 수 있도록 제자리에 놓는 일(정돈)'이다.

● 제조 기업을 떠받치는 5S

5S	정의	공장에서의 주요 활동 내용	개인의 정리·정돈에 적용
정리	불필요한 물건을 버린다.	물건을 버리는 기준을 정하고 라벨을 붙인다.	생활 속에서 낭비되는 요소를 찾아낸다. 필요 없는 물건을 버린다. 쓸모없는 물건을 사지 않는다.
정돈	바로 꺼내 쓸 수 있도록 놓는다.	물건을 용도에 따라 구분해서 놓는다.	생활을 효율화한다. 필요한 물건을 쉽게 찾을 수 있도록 해서 물건 찾는 시간을 줄인다.
청소	늘 깨끗하게 유 지한다.	청소 계획을 세워 실천하고, 지저분 하게 만드는 요소 를 차단한다.	물건을 오랫동안 소중히 사 용한다.
청결	정리·정돈·청 소 상태를 유 지한다.	5S 활동이 제대 로 되고 있는지 체크하고, 5S 활동을 유지·정 착시킨다.	자신의 꿈과 목표를 키운다.
습관	정해진 규칙을 지킨다.	정해진 규칙을 기꺼 이 지킬 수 있게 하는 방안을 마련한다.	정리·정돈과 절약의 습관을 들이고 꾸준히 실천한다.

※ 기업이나 업종에 따라 2S~7S 등 다양한 방법을 실천하지만, 일반적으로 5S를 실천하는
  기업이 많다.

5S 가운데 정리와 정돈 = 이 책에서 정의하는 정리·정돈

● 공장이나 집을 정리·정돈하면 돈을 모을 수 있다

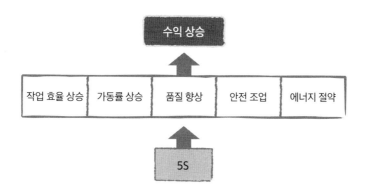

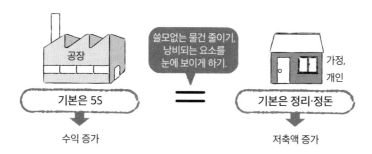

Part 2

정리·정돈을 하면
왜 돈이 쌓이는가

돈을 모으기 위해 정리·정돈부터 시작해야 한다니
언뜻 생각하면 너무 멀리 돌아가는 방법 같다.
그러나 정리·정돈은 돈을 통제하기 위해 필수적인 기술이다.
정리·정돈부터 시작하면 반드시 성과를 올릴 수 있다.

1장

물건의 속성,
버려도 버려도 계속 늘어난다

●

지출의 절반이 물건 구입에 들어간다

매달 물건을 얼마나 사는지 파악해본 적이 있는가? 혹시 가계부를 쓴
다면 자신이 물건을 얼마나 사는지 금방 알 수 있을 것이다.

여기에서는 일본 금융·홍보중앙위원회의 데이터를 이용해서 1년 수
입 455만 엔의 가정(32세 남편과 아내, 자녀 1.5명)을 모델로 들어 설명
하겠다(64쪽 표 참조).

일단 식료품·가사용품·의류 같은 '물건'을 사는 항목과, 집세·수도
광열비 같은 '서비스'를 사는 항목으로 나누었다. 지출 항목 가운데 물
건 구입이나 서비스 구입으로 일괄해서 나눌 수 없는 교육비·교양오

락비 등은 반반씩 나누어 계산했다.

이 표를 보면 매달 지출의 50%를 물건 사는 데 쓴다는 사실을 알수 있다. 32세의 모델에서는 한 달에 약 12만 엔이 물건 구입비다.

이 데이터는 실수령액 가운데 32%를 저축할 수 있는 수준의 가정을 모델로 삼았기 때문에 저축을 한 푼도 못하는 사람은 쓸모없는 물건을 사는 데 더 많은 돈을 지출한다고 예상할 수 있다.

그 외에도 연령 단계별 데이터를 조사했더니 '23.1세 2.8인 가족'과 '28세 3인 가족'도 물건 구입비가 41%였다.

독신 생활자의 데이터는 없지만, 내가 독신 시절에 쓰던 가계부를 보면 물건 구입비가 49%였다(64쪽 아래 표 참조). 지금까지의 내 경험을 살펴보면 일반적인 독신 생활자의 물건 구입비는 50% 정도다. 사람이 얼마나 물욕으로 똘똘 뭉쳤는지 알 수 있는 부분이다.

구입하지 않아도 저절로 들어오는 물건

자신이 의도적으로 사지 않더라도 저절로 들어오는 물건도 있다. 물건이 집 안에 침입하는 경로는 67쪽의 그림과 같다.

물건들은 '사용할 수 있어서', '언젠가 사용할 것 같아서' 등의 이유로 금세 쌓인다. 공짜로 들어오는 물건은 정리·정돈을 지도하는 내 집

● 실수령 연 수입의 약 50%가 '물건 구입비'

32세, 3.5인 가족의 월 지출액(연 수입 455만 엔)

지출 항목	월 지출액	물건	서비스
식료품	54,835	54,835	
주거	29,017		29,017
수도광열비	18,072		18,072
가구·가사용품	8,909	8,909	
피복	12,538	12,538	
보건·의료	10,267		10,267
교통·통신	41,743		41,743
교육	10,128	5,064	5,064
교양·오락	26,313	13,157	13,157
기타	46,687	23,344	23,344
합계	258,509	117,846	140,663
비율		46%	54%

가처분소득	378,780
저축	120,271
저축률	32%

단위: 엔
출처: 금융홍보중앙위원회, 〈생활과 금융에 관한 모든 데이터〉(2009년)

나의 예(20대 독신 시절)

지출 항목	지출액	물건	서비스
식료품	30,000	30,000	
주거	20,000		20,000
수도광열비			0
가구·가사용품		0	
피복	20,000	20,000	
보건·의료			0
교통·통신	35,000		35,000
교육	30,000	15,000	15,000
교양·오락	70,000	35,000	35,000
기타	10,000	5,000	5,000
합계	215,000	105,000	105,000
비율		49%	51%

가처분소득	320,000
저축	105,000
저축률	33%

단위: 엔

전 가구 가구당 월평균 소비지출		
지출 항목	금액	구성비
식료품, 비주류 음료[1]	298.5	12.7
주류, 담배[1]	26.3	1.1
의류, 신발[1]	136.4	5.8
주거, 수도광열	284.7	12.2
가정용품, 가사 서비스[2]	76.5	3.3
보건	144.3	6.2
교통	250.4	10.7
통신	137.2	5.9
오락, 문화[2]	131.5	5.6
교육[2]	378.0	16.1
음식, 숙박[2]	277.0	11.8
기타 상품, 서비스[2]	201.1	8.6

단위: 천 원, %

• 위 표는 우리나라 통계청이 발표한 2010년 1/4분기 가계동향조사 결과다. 여기서 1)의 전액과 2)의 반액을 물건 구입비로 본다면, 우리나라에서는 가계 지출의 42.3%를 물건 구입에 사용한다고 할 수 있다.-옮긴이

에도 어김없이 쌓여간다. 내 집에는 콘택트렌즈 케이스가 서랍 가득히 30개나 들어 있었고, 냉동고 구석에는 아이스팩이 잔뜩 쌓여 있었다. 찬장에는 일회용 포장 간장이 수도 없이 굴러다녔다. 맥도날드 해피밀 장난감도 많았다. 30개나 되는 콘택트렌즈 케이스를 발견했을 때 아내의 입가에는 묘한 쓴웃음이 묻어났다.

현대사회는 물건으로 넘쳐난다. 쇼핑은 곧 오락이고 즐거운 인생을 보내는 방편이 되었다. 매달 나가는 지출 가운데 거의 50%를 물건을 사는 데 쓰고 있으며, 직접 사지 않아도 저절로 집 안에 들어오는 물

건까지 고려한다면 그냥 두고 볼 수만은 없다. 그대로 방치하면 물건은 저절로 증식하는 특성이 있기 때문이다.

우리는 어려서부터 물건을 아껴 쓰라는 교육을 받았다. 그래서 쓸 만한 물건을 버리는 데 거부감을 느낀다. 그러나 좁은 집 공간을 고려한다면 물건의 증식을 멈추는 기술을 갖추어야 물건의 홍수에 휩쓸리지 않을 수 있다. 요즘에는 물건의 홍수에 빠져 몸을 가눌 여유조차 확보하지 못하는 사람이 늘고 있는 듯하다. 정리·정돈을 하지 못하는 것은 현대사회가 만들어낸 병폐일지도 모른다.

'대청소'하고 '일상 청소'하라

69쪽의 그림처럼 방으로 굴러 들어오는 물건을 제때 버리지 않으면 물건이 서서히 늘어나 쓰레기장으로 바뀐다. 게다가 물건이 늘어나는 속도도 점점 빨라지므로 눈 깜짝할 사이에 방은 지저분한 쓰레기 더미로 가득 차게 된다.

정리·정돈 방법은 학교에서 가르쳐주지 않는다. 하지만 효과적인 정리·정돈 방법은 분명히 존재한다. 나는 정리·정돈 방법을 크게 ① 대청소 기술, ② 물건 억제 기술로 나눈다.

● 물건의 침입 경로

저절로 집에 들어오는 물건

- 우편물과 전단
- 명절 선물
- 친구에게서 얻은 물건(물려받은 아이 옷 등)

물건을 살 때 덤으로 들어오는 물건

- 콘택트렌즈 세정액을 사면 덤으로 받는 콘택트렌즈 케이스
- 케이크나 아이스크림을 사면 덤으로 받는 아이스팩
- 도시락을 사면 덤으로 받는 일회용 젓가락
- 초밥을 사면 덤으로 받는 일회용 포장 간장
- 푸딩이나 젤리를 사면 덤으로 받는 스푼
- 가게에서 쇼핑한 물건을 담을 때 덤으로 받는 비닐봉지, 종이봉투, 에코백
- 어린이 메뉴를 시키면 덤으로 받는 장난감

'공짜라서' 받아 오는 물건

- 휴대용 티슈
- 화장품 샘플
- 행사 선물로 받는 머그잔이나 접시
- 전철역에 놓여 있는 무가지
- 호텔 방에 놓여 있는 물품

① 대청소 기술

물건을 싹 다 버려서 방에 있는 물건의 총량을 줄이는 기술이다(엄밀히 말하면 '청소'는 '더러운 때를 벗겨 깨끗하게 만든다'는 뜻이므로, 물건을 한꺼번에 버리는 것은 '대정리'라고 해야 옳다. 하지만 여기에서는 편의상 '대청소'라고 부르겠다). 대청소를 하고 나면 자신에게 정말 필요한 물건, 자신이 정말 좋아하는 물건만 남게 된다. 또한, 물건에 대한 욕심을 억제하고 절약 정신을 기르는 효과도 있다.

② 물건 억제 기술

물건의 범람과 증식을 막기 위한 자기 방어술이다. '일상 청소'라고 부를 수도 있다. 이 기술은 '쓸모없는 물건을 사지 않고, 공짜라고 마구 집어 오지 않겠다'는 결심, 역할이 끝난 물건을 바로바로 버리는 습관으로 이루어진다. 69쪽의 아래 그림처럼 '대청소'를 한 후에 '일상 청소'를 하면 물건이 서서히 줄어들게 된다.

대청소는 한 번으로 끝나는 것이 아니다. 물건은 항상 늘어나는 성질이 있기 때문이다. 따라서 일상 청소 습관을 들이지 않으면 이내 대청소를 하기 전의 상태로 되돌아가고 만다.

그런데 일상 청소만으로는 모든 물건을 정리하는 데 시간이 오래 걸리고 물건에 대한 욕망을 억제하려는 의식도 기르지 못한다. 따라서 '대청소'와 '일상 청소'를 병행할 필요가 있다.

● 물건 증가와 정리·정돈의 관계

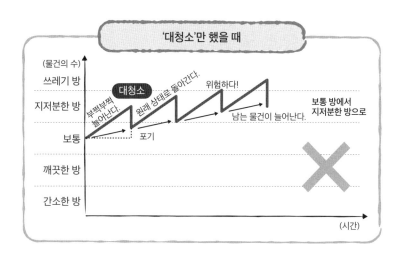

'대청소'만 했을 때

(물건의 수)
쓰레기 방
지저분한 방
보통
깨끗한 방
간소한 방

대청소

부쩍부쩍 늘어난다.
원래 상태로 돌아간다.
위험하다!
포기
남는 물건이 늘어난다.
보통 방에서 지저분한 방으로

(시간)

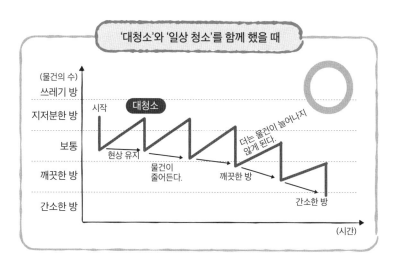

'대청소'와 '일상 청소'를 함께 했을 때

(물건의 수)
쓰레기 방
지저분한 방
보통
깨끗한 방
간소한 방

시작
대청소
현상 유지
물건이 줄어든다.
깨끗한 방
더는 물건이 늘어나지 않게 된다.
간소한 방

(시간)

2장

절약의 첫걸음,
낭비되는 요소 알아차리기

●

물건과 정면으로 마주하는 시간이 필요하다

매달 지출의 50%를 물건을 사는 데 사용하기 때문에 물건 구입만 줄이면 절약으로 이어질 수 있다. 그러나 '앞으로 물건을 적게 사야지' 하고 단단히 마음먹어도 좀처럼 실천하기 어렵다. 따라서 절약을 위해서는 일단 낭비되는 요소가 무엇인지 알아차려야 한다. 낭비되는 요소를 찾아낸 후 그것을 줄이는 방법을 고민하는 것이 절약을 실천하는 데 필요한 사고 과정이다.

　낭비되는 요소를 스스로 깨닫지 못하면 절대 절약을 실천할 수 없다. '여기 쓸모없는 게 있었네. 어쩌지?' 하고 의식해야 비로소 '구체적으로 무엇을 하면 좋을까?'를 생각할 수 있다.

낭비되는 요소를 알아차리는 방법에는 두 가지가 있다.

첫째는 가계부다. 이는 사용한 돈을 체크하는 방법이다. '구입한 물건이 정말 필요했는지', '지난달보다 지출이 늘어나지 않았는지', '같은 환경의 다른 사람(평균적인 사람)과 비교했을 때 내 지출은 어떤지' 등을 분석하면 낭비되는 요소를 알아차릴 수 있다.

가계부를 쓰면 구체적인 금액을 파악할 수 있으므로 자신의 소비 패턴을 이해한 상태에서 불필요한 소비 행동을 억제하게 된다(가계부에 관해서는 Part 3에서 자세히 설명하겠다).

둘째는 정리·정돈이다. 과거에 산 물건을 정리·정돈함으로써 낭비되는 요소를 알아차릴 수 있다. 정리·정돈을 통해 물건과 정면으로 마주하면 '물건을 사는 자신의 버릇'을 알 수 있다. 버리는 물건을 보면서 낭비되는 요소를 파악할 수 있다. 그리고 버리지 않고 남긴 물건을 보면서 자신에게 필요한 가치 있는 물건을 알 수 있다.

버리는 물건을 보면서 '왜 이런 걸 샀을까? 왜 이게 내 방에 있을까?' 하고 고민해봐야 한다. 이처럼 필요 없어진 물건과 정면으로 마주함으로써 어떤 경우에 어떤 물건을 사면 쓸모없는 물건이 되는지를 똑똑히 이해할 수 있다. 쓸모없는 물건이 되는 패턴의 예는 다음과 같다.

- 충동구매로 산 어울리지 않는 옷이나 액세서리
- 급해서 어쩔 수 없이 산 휴대전화 충전기나 비닐우산
- 필요할 것으로 생각해서 샀지만 실제로는 사용하지 않는 가전제품, 책, 미용용품
- 건강을 위해 샀지만 설거지가 귀찮아서 자주 사용하지 않는 주스기
- 할인점에서 싼 맛에 샀지만, 재질이 약해서 금방 찢긴 자동차 커버

이 외에도 여러 가지 패턴을 들 수 있다. 어떤 경우든 쓸모없는 물건을 발견했다면 수업료를 냈다고 생각하고 미련 없이 버리기 바란다.

쇼핑 능력을 높여라

물건은 기능이 다할 때까지 오랫동안 사용하는 것이 이상적이다. 더 사용할 수 있는데도 버려야 한다면, 앞일을 내다보지 못한 여러분의 '쇼핑 능력' 부족 탓이다.

'쇼핑 능력'은 내가 만들어낸 단어다. 이 조어는 '물건을 살 때 기능이 다할 때까지 사용할 수 있는 물건인지 도중에 버리게 될 물건인지' 판단하는 능력을 가리킨다. 쇼핑 능력이 높아지면 쓸모없는 물건을 사는 일이 줄어들고 지출을 억제할 수 있다.

하지만 실제로는 산 물건을 100% 사용하거나 수명이 다할 때까지 쓰는 일은 드물다. 여러 가지 실수와 경험을 쌓으면서 쇼핑 능력을 높여가는 수밖에 없다.

잘못 산 물건을 '아깝다'거나 '언젠가 사용할지도 모른다'는 이유로 봉인한 채 남겨두면 쇼핑 능력은 영원히 높아지지 않는다. 정리·정돈을 통해 물건과 일일이 마주하고 그 물건을 살 당시의 자신과 대화하며 '앞으로 어떻게 할지, 사용할지 아니면 버릴지'에 대해 명확한 결론을 내려야 한다. 이렇게 물건과 마주하면 다음번에 물건을 살 때는 결단력이 높아진다.

쇼핑 능력은 책만 읽어서는 익힐 수 없다. 운동과 마찬가지로 끊임없이 연습하고 성과를 피드백해서 행동을 수정해나가야 한다. 그래야 기술력이 높아지는 법이다. 따라서 쇼핑 능력을 높이기 위해서는 정리·정돈이 유일한 방법이다.

물건을 버릴 때는 버리는 물건의 금액을 대충 환산해보기 바란다. 굳이 정확한 금액을 알 필요는 없다. '내가 이렇게 많은 돈을 낭비했구나!' 하고 알아차리는 것이 목적이기 때문이다. 비싼 돈을 들여 산 물건과 냉정하게 마주하고 나서 눈물을 머금고 버린 경험은 자신에게 충격을 준다. 그래서 '다음번엔 꼭 사용할 물건만 사야지' 하는 결심을 하게 만든다. 이런 반성은 다음에 쇼핑할 때 큰 도움이 된다.

버리겠다는 결단에는 아픔이 따른다. 그래서 '아프게 후회하느니

● 물건과 마주하지 않으면 낭비되는 요소를 알아차리지 못한다

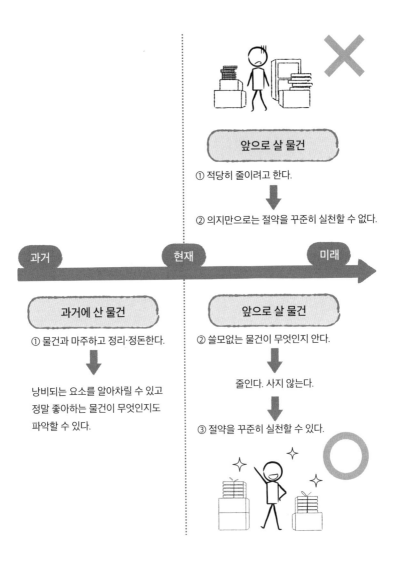

앞으로 살 물건

① 적당히 줄이려고 한다.

② 의지만으로는 절약을 꾸준히 실천할 수 없다.

과거   현재   미래

과거에 산 물건

① 물건과 마주하고 정리·정돈한다.

낭비되는 요소를 알아차릴 수 있고 정말 좋아하는 물건이 무엇인지도 파악할 수 있다.

앞으로 살 물건

② 쓸모없는 물건이 무엇인지 안다.

줄인다. 사지 않는다.

③ 절약을 꾸준히 실천할 수 있다.

차라리 쓸모없는 물건을 쳐다보지도 않겠다'라고 생각할 수 있다. 하지만 이 책을 펼쳐 든 여러분이라면 지금이 결단을 내릴 때다. 지금 당장 물건과 당당히 마주하라. 낭비 습관에 젖어 있던 과거의 자신을 청산할 수 있다면 차곡차곡 돈을 모아가는 새로운 자신을 만나게 될 것이다.

절대로 버릴 수 없는 물건에 '내'가 있다

지금까지 설명한 바와 같이 물건을 버리면 쇼핑 능력이 높아진다. 이와 반대로 버리지 않고 남긴 물건을 보면서 자신의 인생에서 중요한 것들이 무엇인지 알아낼 수 있다.

버리지 않고 남긴 물건은 정말 필요한 물건, 정말 좋아하는 물건이다. 따라서 이런 물건을 보면 자신이 무엇을 진정으로 좋아하는지, 무엇을 진정으로 하고 싶어 하는지 알 수 있다.

내가 수많은 정리·정돈을 거치면서도 반드시 남겨놓는 물건은 트롬본이었다. 회사를 그만두고 컨설턴트가 된 후, 일과 육아에 치여 트롬본 연주는 그만둔 상태였다. 아내는 트롬본을 버리라고 했지만, 나는 다른 건 다 버려도 트롬본만큼은 절대 버릴 수 없었다. 트롬본을 볼 때마다 '언젠가 꼭 다시 연주하겠다!'라고 강하게 다짐하곤 했다.

● 정리·정돈을 하면 '쇼핑 능력'이 높아진다

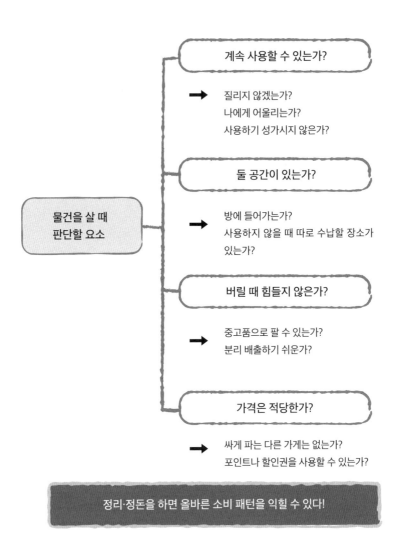

계속 사용할 수 있는가?

→ 질리지 않겠는가?
나에게 어울리는가?
사용하기 성가시지 않은가?

둘 공간이 있는가?

→ 방에 들어가는가?
사용하지 않을 때 따로 수납할 장소가
있는가?

물건을 살 때
판단할 요소

버릴 때 힘들지 않은가?

→ 중고품으로 팔 수 있는가?
분리 배출하기 쉬운가?

가격은 적당한가?

→ 싸게 파는 다른 가게는 없는가?
포인트나 할인권을 사용할 수 있는가?

정리·정돈을 하면 올바른 소비 패턴을 익힐 수 있다!

그러기를 2년째, 마침내 나의 바람이 이루어졌다. 지방 취주악단(관악기를 중심으로 타악기를 덧붙여 연주하는 악단—옮긴이)에 들어가 연주할 수 있게 된 것이다. 좋아하는 곡을 동료와 함께 합주하는 즐거움은 내 인생에 다양한 색깔을 입혀주었다. 내가 소속된 취주악단에는 나처럼 여러 가지 사정 때문에 연주를 그만두었다가 다시 시작한 동료가 많았다.

나처럼 "언젠가 다시 연주하고 싶었기 때문에 도저히 악기를 버릴 수 없었다"라고 말하는 동료도 있고, "분명한 이유 없이 악기를 버리지 않고 보관해두었는데 나중에 다시 연주하고 싶어졌다"라고 말하는 동료도 있다.

이처럼 정리·정돈을 하면 자신이 좋아하는 일을 새삼 확인해서 그 일에 또다시 도전할 힘을 얻게 된다. 이를 계기로 좋아하는 일을 하면서 돈까지 벌게 된다면 좀 더 유쾌한 인생을 살 수 있을 것이다. 정리·정돈으로 인생이 바뀐다면 얼마나 멋진 일인가!

절약하는 사람은
자신이 좋아하는 물건만 곁에 둔다

●

심플 라이프의 즐거움

절약하는 사람은 자신이 진정으로 좋아하는 물건만 곁에 두는 검소한 생활을 한다. 쓸모없는 물건을 사지 않기 때문에 자연스럽게 절약도 할 수 있다. 이러한 심플 라이프를 실현한 사람에게는 다음과 같은 4가지 특징이 있다.

① 생활에 필요한 물건의 양이 적다 → 물건 욕심이 적고 물건이 많이 쌓이는 것을 싫어한다

② 필요한 물건만 산다 → 쇼핑 능력이 높다

③ 구입한 물건은 기능이 다할 때까지 사용하거나 역할이 끝나면 버린다
　→ 물건 억제 기술이 좋다
④ 필요한 물건이나 좋아하는 물건은 오랫동안 꾸준히 사용한다 → 열심히
　청소하게 된다

심플 라이프를 누리는 사람은 정신적으로 활력이 넘친다. 물건을 찾는
데 드는 시간이나 보기 싫은 물건과 씨름하는 시간을 줄일 수 있기 때
문이다. 시간에 여유가 생겨서 정말 중요하다고 생각하는 일에 시간을
쓸 수 있기 때문에 즐거운 인생을 보낸다.

　무수히 많은 물건에 둘러싸인 현대에는 간소한 물건만 갖추고 사는
심플 라이프가 오히려 더 사치스럽고 화려한 삶일 수도 있다. 돈을 모
으고 말고가 아니라 '오로지 심플 라이프를 실현하고 싶어서 정리·정
돈을 하는 사람'까지 있을 정도다.

　나는 업무 특성상 출장을 자주 가는 편이다. 가방 하나 달랑 들고
5박 6일 동안 출장을 다녀온다. 이렇게 출장을 다니다 보면 생활에 정
말 필요한 물건은 가방 하나에 다 들어갈 정도로 적다는 사실을 실감
한다. 출장 때는 주로 호텔에 묵는다. 호텔에 자주 묵어서 그런지 집도
호텔 방처럼 꼭 필요한 물건만 간소하게 갖추면 좋겠다는 생각을 자
주 한다.

　심플 라이프의 정의는 여러 가지가 있다. 하지만 나는 심플 라이프

● 심플 라이프를 실천하는 사람의 방

서랍장에는 필요한 물건만 넣는다.

방 안에 물건이 적다.

탁자 위에 아무것도 두지 않는다.

수납 상자나 옷장 같은 쓸모없는 수납공간이 없다.

에 대해 간단히 설명한다. 남들에게 '내 방에는 좋아하는 물건이나 필요한 물건만 있다'고 말할 수 있다면, 그 사람은 심플 라이프를 실현했다고 보아도 된다.

최고의 자기 투자, 정리·정돈

정리·정돈을 할 때 중요한 것은 다른 사람의 평가가 아니라 자신의 판단 기준이다. 필요한 물건을 최소한으로 줄이기 위해 과감히 버리겠다는 결단을 몇 번이고 되풀이하는 과정을 밟으면서 방이 깔끔해지고 자신의 마음도 개운해진다. 이런 과정을 거쳐야만 물건을 버릴지 말지 판단하는 데 자신감을 가질 수 있다. 그런 판단에 자신감이 붙으면 남 탓을 하지 않게 되고 삶에도 자신감이 생겨난다. 심플 라이프를 실천하는 사람에게서는 어딘지 모르게 자신감이 느껴지고 충실한 인생을 살고 있다는 분위기가 전해지는 법이다.

정리·정돈을 효과적으로 달성한 경험이 성공 체험으로 작용해서 자신감을 갖게 하는 것이다.

나는 '정리·정돈은 자기 수련'이라고 생각한다. 방 안의 상태는 자신의 마음을 비추는 거울이다. 정리·정돈은 돈을 들이지 않고도 곧바로 실행할 수 있는 최고의 자기 투자이다.

　정리·정돈은 인생을 풍요롭게 하는 가장 강력한 기술이다. 여러분도 정리·정돈을 통해 자신감 넘치고 매력 있는 사람이 되길 바란다.

4장.

정리·정돈이 서툴면
낭비되는 돈이 늘어난다

●

돈을 낭비하는 4가지 유형

'쓰레기장'까지는 아니더라도 방 안에 물건이 지저분하게 넘쳐나면 지출이 늘어나고 절약을 할 수 없다. 발 디딜 틈 없을 정도로 물건이 널린 집을 사례로 '정리·정돈을 하지 않으면 왜 지출이 늘어나는지' 설명하겠다.

유형① 절약 의식이 낮아져서 돈을 낭비하는 유형

절약하겠다고 마음먹어도 정리·정돈되지 않은 상태가 커다란 심리적 장벽으로 작용해서 어쩔 수 없이 낭비하게 된다.

패턴 A 부엌이 지저분해서 외식하게 된다

부엌에 설거지거리와 빈 도시락 통이 산처럼 쌓여 있다. 게다가 그릇에는 먹다 남은 찌꺼기가 덕지덕지 달라붙어 있고 당장 사용할 깨끗한 그릇도 없다. 이런 상태에서는 선뜻 부엌을 정리·정돈할 기분이 내키지 않고 설거지하는 일도 고역으로 느껴진다.

부엌을 정리·정돈하지 않으면 밥을 해먹을 수가 없고 지저분한 집에서는 식사할 마음도 생기지 않는다. 그래서 늘 편의점에서 도시락을 사다 먹거나 식당에 가서 끼니를 해결하고 만다.

외식하면 집에서 밥을 해먹을 때보다 당연히 돈이 더 많이 들어간다. 그리고 식사하러 나간 김에 군것질거리나 오락거리를 사오게 되면서 돈을 더욱 낭비하게 된다.

패턴 A에 대한 설명

외식을 위해 외출하면 충동구매를 하거나 필요 이상의 물건을 사는 등 쓸데없는 지출을 하기 마련이다. 이런 낭비를 없애려면 부엌과 방을 정리·정돈해서 집에서 밥을 해먹을 수 있는 환경을 갖추기만 해도 충분하다.

패턴 B 방에 있기 싫어서 외출한다

소파나 책상에 물건이 어질러져 있으면 정리·정돈하기가 귀찮아진다.

마음 같아서는 방에서 여유롭게 공부를 하거나 책을 읽고 싶은데도 어쩔 수 없이 '카페에 가서 공부하는 게 낫겠다'는 생각이 든다.

카페에 가면 커피값이 들 뿐 아니라 내친김에 케이크까지 사먹게 된다. 지출과 함께 체중도 늘어나는 이중고에 빠진다. '방이 지저분하다'는 이유로 외출한다면 반드시 돈을 쓰기 마련이다.

패턴 B에 대한 설명

이 경우도 패턴 A와 마찬가지다. 소파나 책상을 정리·정돈해서 머물고 싶어지는 방을 만드는 수밖에 없다.

패턴 C 술자리에 곧잘 불려 나간다

별로 친하지 않은 사람이 술자리에 불러도 거절하지 못하고 튀어나간다. 자신도 한심하다고 느끼지만 '끼니도 때울 겸' 가는 것이니 나쁘지 않다고 생각한다.

어쩌다 2차로 노래방까지 가면 지갑은 더욱 얇아진다. 돈이 줄어드는 것도 문제지만 정신적인 스트레스가 쌓이는 것은 더 큰일이다.

패턴 C에 대한 설명

이 패턴에서 돈을 낭비하는 이유는 어울리고 싶지 않은 사람과 어울리기 때문이다. 어찌 보면 인간관계도 정리·정돈이 필요한 대상이다.

약간 모진 방법이지만 어울리고 싶지 않은 사람의 전화번호를 휴대전화 연락처 목록에서 삭제해버리는 것도 효과적이다.

휴대전화에 저장하는 전화번호는 업무상 필요한 회사 동료나 거래처, 삶에 자극이 되거나 즐겁게 이야기할 수 있는 친구와 가족, 자주 다니는 가게로 한정한다.

얼굴이 떠오르지 않는 사람, 어울리고 싶지 않은 사람, 몇 년 동안 만나지 않은 사람, 앞으로 연락할 일이 없는 사람은 과감히 삭제한다.

전화번호를 삭제한 사람이 당신에게 연락하고 싶어 한다면 그쪽에서 먼저 전화를 걸어올 테니 별문제가 없다.

나는 이런 방법으로 휴대전화 연락처에 저장된 전화번호 가운데 절반을 삭제했다. 예전에 친하게 지냈던 사람도 시간이 지나면 소원해질 수 있구나 생각하니 놀라웠다.

휴대전화 연락처 목록이 가벼워지면 전화 걸 사람을 찾을 때도 시간이 덜 걸린다. 정신적으로 복잡하게 얽혀 있던 인간관계가 깔끔해진 느낌이 들자 어울리고 싶지 않은 사람의 술자리 유혹도 깨끗이 거절할 수 있게 되었다. 쓸모없는 인간관계에 낭비하는 돈을 줄이려면 휴대전화 연락처 목록부터 정리·정돈하는 것이 좋다.

패턴 D 전기요금이 많이 나온다

지상파 디지털 방송을 보기 위해 블루레이 리코더를 샀지만 거의 사용하지 않는 비디오 데크와 HDD 리코더도 그대로 남겨두었다. '아직 비디오테이프를 갖고 있고, HDD 리코더로 녹화한 프로그램을 다 보지 않았다'는 이유에서다.

어느 날 '대기 전력을 소비하는 게 아까우니까 전원 코드를 뽑아두자'라는 생각이 들어 콘센트를 살펴봤더니 텔레비전, 게임기 등의 가전제품 플러그가 어지럽게 꽂혀 있었다. 비디오 데크와 HDD 리코더 플러그가 어느 것인지조차 알 수 없어서 결국 그대로 방치하게 되었다. 물론 대기 전력 요금도 계속 올라가고 있다.

패턴 D에 대한 설명

대기 전력을 줄이고 싶어도 전원 코드가 복잡하게 얽혀 있어서 뽑질 못하고 전기요금을 그대로 내는 사례다.

물건이 많으면 청소기를 돌리는 시간도 많이 들어서 쓸데없는 전기요금을 부담해야 한다. 냉장고에 유통기한이 지난 음식이나 사용하지 않는 조미료를 가득 채워두어도 불필요한 전기요금이 낭비된다.

덧붙여, 비디오테이프 같은 오래된 미디어는 언젠가 비디오 데크가 고장 나 재생할 수 없게 될 위험이 있기 때문에 하루빨리 최신 미디어로 백업해두는 게 좋다.

유형② 집 안에 어떤 물건이 있는지 몰라 중복으로 구매하는 유형

물건이 너무 많으면 어디에 무엇이 있는지 헷갈려서 필요한 물건을 찾지 못하고 결국 중복 구매로 괜한 돈을 낭비하게 된다.

패턴 A 물건을 찾지 못해서 똑같은 물건을 또 산다

저녁 식사로 햄버그스테이크를 만들기 위해 양파를 꺼내려고 냉장고를 열었다. 그런데 냉장고 안에 음식 재료가 꽉 들어차 있었다. 3분 동안이나 냉장고를 뒤져봤지만 양파를 찾아내지 못했다. 뭔가 썩는 냄새까지 나서 냉장고 뒤지기를 포기하고 슈퍼로 달려가 양파를 새로 샀다.

그런데 쟁반을 꺼내려고 찬장을 열었더니, 그곳에 양파가 잔뜩 쌓여 있었다. 새로 사지 않아도 될 양파를 사느라 쓸데없는 돈을 썼다. 거기다 냉장고를 뒤지는 데 시간을 오래 잡아먹은 탓에 냉장고 안의 온도가 올라가 전기요금도 더 늘어나는 결과가 되었다.

패턴 A에 대한 설명

물건이 많으면 정작 필요한 물건을 찾지 못할 때가 많다. 결국 찾기를 포기하고 새로운 물건을 사지만 나중에 그 물건이 방구석에서 발견되는 경우가 많다.

이것은 살 필요가 없는 물건을 사는 일이므로 분명한 낭비다. '언

젠가 다 쓸 테니 괜찮다'라고 생각할 수도 있다. 하지만 그 많은 물건을 다 사용하는 데는 너무 오랜 시간이 걸린다는 게 문제다. 게다가 물건이 많은 상태를 개선하지 않으면 다른 물건이 더욱 늘어나는 악순환에 빠진다. 결국 물건의 유통기한이 지나버려 쓸 수 없게 되기도 한다.

이처럼 '필요한 물건을 찾지 못해 똑같은 물건을 또다시 사게 되는 패턴'이 자주 발생하면 돈은 절대 모이지 않는다.

이런 패턴은 치약, 샴푸, 콘택트렌즈 세정액, 스테이플러 심, 스카치테이프 등 생활용품이나 문구가 필요할 때도 자주 일어난다.

패턴 B 다 사용하지 못하고 버리게 된다

찬장 앞쪽에는 자주 사용하는 조미료가 있고, 안쪽에는 인스턴트식품이 쌓여 있다.

'집에서 밥을 해먹는 게 귀찮아서 간편하게 인스턴트식품을 먹으려고' 찬장 안쪽을 살펴봤더니, 산 기억조차 까마득한 유통기한 지난 인스턴트식품이 잔뜩 나왔다.

패턴 B에 대한 설명

물건이 너무 많으면 어떤 물건을 샀다는 사실조차 잊어버리기 십상이다. 사용하기 전에 문제가 생겨버리면 큰 낭비다. 유통기한이 지난 식품의 값을 계산해본다면 그 어마어마한 가격에 충격이 더욱 커질 것이다.

식료품은 유통기한이 있어서 '먹을 수 있다, 없다'를 쉽게 판단할 수 있기 때문에 하루속히 정돈해서 낭비를 줄여야 한다.

유형③ 2차 피해로 돈을 낭비하는 유형

여기서 2차 피해란 '정리·정돈을 하지 않아서 생기는 파생적인 피해'를 말한다. 일상생활에서는 이 때문에 불필요한 지출이 자주 발생한다.

패턴 A 무리하게 꺼내려다 망가진다

날씨가 추워져서 전기난로를 꺼내려고 벽장을 열었다. 그런데 전기난로 위에 무언가가 든 봉지들이 잔뜩 쌓여 있었다. 봉지들을 치우고 전기난로를 꺼내기도 귀찮고 방이 너무 어질러져 있어서 봉지를 잠깐 놔둘 장소도 마땅치 않다. 그래서 전기난로만 억지로 잡아 빼내려 했다. 이때 무언가 뚝 부러지는 소리가 들리더니 전기난로의 히터 부분이 망가지고 말았다.

수리비용이 더 많이 나올 것 같아서 가전제품 매장으로 달려가 전기난로를 다시 사야만 했다.

패턴 A에 대한 설명

물건 위에 또 다른 물건을 쌓아서 정돈하면 나중에 아래쪽 물건을 꺼내기가 어려워진다. 따라서 물건을 겹쳐 쌓지 않는 것이 기본적인 정돈법이다.

만약 여러 권의 책을 쌓아올려 정돈하면 나중에 아래쪽 책을 꺼낼 때 책들이 무너져서 찢어지기 십상이다. 찢어진 책은 헌책방에 팔지도 못하니 금전적으로도 손해다.

패턴 B 어질러져 있어서 물건이 망가진다

집에서 책상 앞에 앉아 컴퓨터로 일하는 중이다. 책상 위에는 서류, 자료, 우편물, 문구가 어지러이 널려 있다.

서류를 찾으려고 책상 위를 뒤지다가 키보드에 커피를 쏟고 말았다. 커피에 닿은 키보드가 먹통이 되는 바람에 결국 키보드를 다시 사야만 했다.

패턴 B에 대한 설명

책상 위에 어질러진 물건을 뒤지다가 물건이 파손되면 교체하는 비용이 발생한다. 따라서 책상 위에는 현재 진행 중인 작업과 관련된 물건만 놓아야 한다. 책상 위에 놓는 물건은 되도록 줄이는 것이 정리·정돈의 기본이다.

패턴 C 어질러진 물건 때문에 다쳐서 치료비가 들어간다

아침에 회사에 지각할까봐 허둥지둥 서둘렀다. 바닥에 쌓여 있던 책을 보지 못하고 걷다가 그만 책 모서리에 발가락을 찧었다. 눈물이 나올 만큼 아프고 멍까지 들었는데 하루가 지나도 좀처럼 아물지 않았다. 다음 날 병원에서 진찰을 받았더니 발가락뼈에 금이 갔다는 사실을 알게 되었다.

패턴 C에 대한 설명

몸을 다치면 파스나 반창고 등의 비용이 든다. 부상 정도에 따라 병원 치료비가 더 들 수도 있다.

평상시 생활에서도 다칠 위험성은 늘 존재한다. 2008년 국민생활센터의 '병원 위해(危害) 정보로 본 고령자의 가정 내 사고'라는 조사 결과에 따르면 20~65세의 가정 내 사고는 요리할 때(25%, 1위)와 걸을 때(계단을 오르내릴 때 포함, 16%, 2위) 가장 많이 발생했다.

요리할 때는 화상 사고나 칼로 베는 사고가 자주 일어나므로 쉽게 수긍할 수 있다. 그런데 '걷기'라는 매우 일상적이고 안전해 보이는 행동을 할 때도 사고가 자주 발생한다는 점은 놀랍다. 특히 65세 이상의 고령자가 있는 가정에서는 걸을 때 발생하는 사고가 29%(1위)이므로 더욱 주의해야 한다(한국소비자원에 접수된 2008년 위해 정보를 분석한 결과 우리나라 가정 내 사고는 추락·넘어짐·미끄러짐 사고가 21.6%로 가장 많이 발생했다—옮긴이).

부상을 방지하기 위한 대책으로는 정리·정돈이 최고다. 바닥이나 계단에 발이 걸릴 만한 물건을 두지 않는 것이 우선이다. 자신이 무심코 놓아둔 물건 때문에 가족이 넘어져 다친다면 마음이 무척 아플 것이다.

또한, 물건이 잔뜩 어질러진 지저분한 방은 청소하기가 까다롭다. 청소하기가 까다로우니 알레르기의 원인이 되는 실내 먼지(진드기 사체나 배설물, 곰팡이, 세균 등) 또한 완전히 제거하지 못한다. 알레르기는 치료비나 약값이 많이 들 뿐 아니라 만성적으로 증상이 나타나기 때문에 매우 고통스러운 질병이다.

유형④ 물건을 보관하기 위해 돈을 낭비하는 유형

물건을 정리·정돈하고 싶은 마음은 있지만 근본적인 해결을 하지 않고 당장 눈앞에 있는 물건만 치워버리자는 생각에 쓸데없는 지출을 하게 되는 유형이다.

패턴 A 수납 용품을 별도로 구입한다

물건이 많아서 바닥에 발 디딜 틈도 없다. 그래서 가구점에서 책장과 선반을 사서 수납공간을 늘렸다.

처음에는 바닥에 널린 물건이 사라져서 좋았다. 하지만 얼마 지나지 않아 새로운 수납공간도 가득 찼다. 또다시 발 디딜 틈도 없는 상태로 돌아가고 말았다.

패턴 A에 대한 설명

정리·정돈을 하려는 마음은 칭찬받을 만하지만 그 방법이 틀렸다. 수납공간을 늘린다고 해서 문제가 근본적으로 해결되지는 않는다. 수납 기술로 문제를 해결하려 하지 말고 앞에서 설명한 대청소 기술로 물건을 한꺼번에 버리는 것이 올바른 방법이다.

　물건은 일상생활을 하다보면 자연스럽게 늘어나는 특성이 있다. 따라서 '대청소'를 하고 난 다음에는 '물건 억제 기술(일상 청소)'을 실천해야 한다. 이를 게을리하면 아무리 수납공간이 많아도 머지않아 물건이 한가득 쌓이게 된다.

패턴 B 비싼 집세를 지불한다

방에 물건이 너무 많아서 비좁은 느낌이 든다. 그래서 '좀 더 넓은 집으로 옮기자'고 마음먹고 현재의 원룸에서 보다 넓은 투룸으로 이사했다. 물건이 너무 많은 탓에 이사비도 비쌌던 데다 보증금으로 30만 엔 이상의 초기 비용이 더 들었고 월세도 3만 엔 더 비싸졌다.

　집이 넓어져 처음에는 좋았지만 몇 달 살다보니 또다시 물건이 발에 치일 정도로 바닥이 어질러진 상태가 되고 말았다. 그러자 왜 굳이 넓은 집으로 이사했는지 알 수 없게 되었다.

패턴 B에 대한 설명

이 경우는 '집에 물건이 넘쳐난다'는 이유로 이사한 사례다.

한 달에 3만 엔, 1년에 36만 엔(한화로는 대략 350만 원)이나 되는 큰
돈이 오로지 물건을 보관하기 위해 낭비되는 셈이다. 한 달에 3만 엔
을 내고 창고를 빌린 것과 다를 바 없다.

이는 수납 용품을 사서 쓸모없는 물건을 늘리는 패턴 A와 마찬가
지 경우다. 이 패턴의 사람도 대청소와 물건 억제 기술(일상 청소)을 실
천하지 않으면 아무리 넓은 집이라도 금세 불필요한 물건들로 꽉 차고
말 것이다.

● 돈을 낭비하는 4가지 유형

물건이 많은데도 정리·정돈하지 않는다

1 절약 의식이 낮아져서 돈을 낭비하는 유형

A. 부엌이 지저분해서 밥을 할 수 없다. ⟶ 외식비와 충동구매가 늘어난다.

B. 방이 지저분해서 방에 있기가 싫다. ⟶ 카페에 가서 커피 값을 치르게 된다.

C. 어울리고 싶지 않은 사람이 술자리에 불러낸다. ⟶ 술값을 쓰게 된다.

D. 전기 제품을 켠 채 방치한다. ⟶ 전기요금이 오른다.

2 집 안에 어떤 물건이 있는지 몰라 중복으로 구매하는 유형

A. 집 안이 어질러져 있어서 당장 필요한 물건을 찾지 못한다. ⟶ 똑같은 물건을 또 사게 된다.

B. 예전에 산 사실을 잊어버린다. ⟶ 다 사용하지 못하고 버리게 된다.

3 2차 피해로 돈을 낭비하는 유형

A. 물건을 서로 겹쳐 쌓다보니 물건이 망가진다. ⟶ 수리비를 내야 한다.

B. 물건이 바닥이나 책상 위에 어질러져 있는 탓에 밟히거나 떨어져서 부서진다. ⟶ 새로 사야 한다.

C. 어질러진 물건 때문에 다친다. ⟶ 치료비와 약값이 들어간다.

4 물건을 보관하기 위해 돈을 낭비하는 유형

A. 쓸모없는 물건을 보관하기 위해 수납 용품을 산다. ⟶ 수납 용품을 사기 위한 돈이 들어간다.

B. 쓸모없는 물건을 보관하기 위해 넓은 집으로 이사한다. ⟶ 이사비가 들고 집세도 오른다.

5장

정리·정돈은 인생을 바꾸는 킬러패스

정리·정돈의 힘, 돈을 통제할 수 있다

돈을 모으는 수단은 정말 다양하다. 한 가지 수단으로 막대한 돈을 벌어들이는 사람도 있지만, 대부분은 월급을 아껴 조금씩 투자하거나 저축해서 돈을 모은다. 그러므로 돈을 균형 있게 통제하는 정리·정돈 기술이 필요하다.

돈을 모으기 위해 정리·정돈하는 것이 멀리 돌아가는 것처럼 느껴질 수도 있다. 하지만 '급할수록 돌아가야 하는 법'이다.

정리·정돈은 돈을 통제하는 세련된 기술이다. 정리·정돈 기술은 컴퓨터의 윈도우 같은 기본 중의 기본이다. 기본이 제대로 갖춰져야 응

용도 할 수 있는 법이다.

나는 정리·정돈을 '인생을 바꾸는 킬러패스(killer pass, 축구 용어로 득점으로 바로 이어질 수 있는 위력적인 패스를 뜻한다─옮긴이)'라고 부른다. 정리·정돈은 극적인 파급 효과를 볼 수 있는 신의 한 수와 같다. 따라서 정리·정돈은 단순히 방을 깨끗이 치우는 것뿐만 아니라 돈을 모으고 인생을 풍요롭게 만드는 능력도 가지고 있다.

'정리·정돈을 하면 돈이 모인다'는 논리는 크게 세 가지 경로로 설명할 수 있다.

첫 번째 경로: 방의 정리·정돈
두 번째 경로: 지갑의 정리·정돈
세 번째 경로: 책상의 정리·정돈

이에 관해서는 Part 3 이후로 차례차례 상세히 설명할 것이다. 여기에서는 각 경로에 관해 간단히 짚고 넘어가겠다.

돈을 부르는 방 정리·정돈

방을 정리·정돈하는 일은 돈을 모으기 위한 첫 번째 경로다. 앞에서도 이야기했듯이 정리·정돈을 하면 내키지 않아도 지금까지 자신이 산 물건과 정면으로 마주해야 한다. 그러면 사용하지 않는 물건이나 필요 없어진 물건을 찾아낼 수 있다. 이는 곧 낭비되는 요소가 수면 위로 드러나는 셈이다.

낭비되는 요소를 알아차리면 '쇼핑 능력'이 높아지고 지출이 줄어든다. 지출이 줄어들면 당연히 돈이 모이게 된다.

다시 말해, 101쪽의 그림처럼 '방을 정리·정돈한다 → 낭비되는 요소를 찾아낸다 → 쇼핑 능력이 높아진다 → 지출이 줄어든다 → 돈이 모인다'의 첫 번째 경로를 밟게 된다. 이것이 바로 이 책의 기본 논리다.

돈을 부르는 지갑 정리·정돈

지갑을 정리·정돈하는 일은 돈을 모으기 위한 두 번째 경로다. 자세한 내용은 Part 3에서 설명하겠다. 간단히 말해 정리·정돈의 초보자가 가장 쉽게 실천할 수 있는 방법이 지갑의 정리·정돈이다. 지갑의 정리·정돈은 시간이 오래 걸리지 않는 데 비해 효과는 매우 뛰어나다. 그래서 나는 "정리·정돈을 하려면 지갑부터 시작하라"고 추천한다.

지갑 안을 깔끔히 정리하면 지갑에 남은 돈의 액수를 쉽게 확인할 수 있다. 그러면 날마다 낭비되는 돈의 액수도 금방 알아차릴 수 있다. 이는 지출액 감소와 저축액 증가로 이어진다.

이 두 번째 경로의 핵심은 가계부다. 절약하려면 가계부가 필수다. 그런데도 많은 사람이 가계부 작성에 도전했다가 중도에 포기해버리는 게 현실이다. 가계부만 꾸준히 적을 수 있다면 낭비를 확실히 줄일 수 있다. '지갑을 정리·정돈한다 → 남은 돈을 쉽게 확인한다 → 가계부를 적는다 → 낭비되는 요소를 발견한다'라는 경로를 밟음으로써 결과적으로 저축액을 늘릴 수 있다.

돈을 부르는 책상 정리·정돈

책상을 정리·정돈하는 일은 돈을 모으기 위한 세 번째 경로다. 방 안에는 정리·정돈이 필요한 곳이 많다. 그중 가장 먼저 정리·정돈해야 할 곳이 책상 주변이다. 자세한 내용은 Part 4에서 설명하겠다. 핵심을 말하자면 책상 위는 정리·정돈의 '성지(聖地)'로 삼아야 한다. '성지'는 무슨 일이 있어도 늘 반드시 정리·정돈되어 있어야만 하는 곳이다.

책상 위를 정리·정돈하면 쓸모없는 물건이 사라지므로 공부나 작업에 온전히 집중할 수 있다. 특히 깨끗해진 책상에서 집중해서 해야

● 정리·정돈을 해서 돈이 모이는 경로

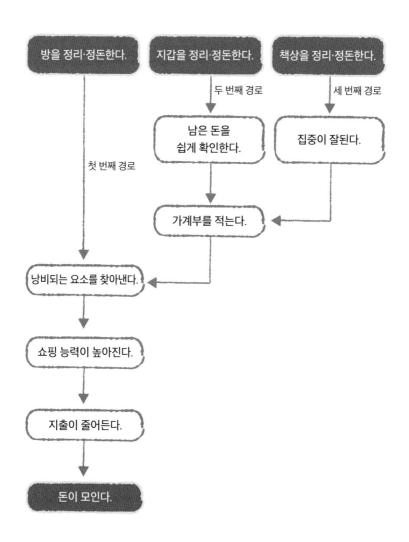

하는 작업이 가계부 작성이다. 집중이 잘되는 책상에서라면 가계부도 꾸준히 적을 수 있다. 그리고 가계부를 꾸준히 적으면 낭비되는 요소를 쉽게 발견할 수 있다.

즉, '책상을 정리·정돈한다 → 집중이 잘된다 → 낭비되는 요소를 발견한다'라는 경로를 밟게 된다. 낭비되는 요소를 발견하면 당연히 돈이 모인다.

지금까지 이 책에서 다루는 대표적인 세 가지 정리·정돈 경로를 소개했는데, 이 모든 경로를 동시에 진행하기는 매우 어렵다.

방·지갑·책상을 한꺼번에 정리·정돈할 필요는 없다. 정리·정돈의 대상을 세분화해서 부분적으로 시작해도 괜찮다. 실천하기 쉬운 정도와 효과를 고려하면 나는 '지갑의 정리·정돈 → 책상의 정리·정돈 → 방의 정리·정돈'의 순으로 실천할 것을 권한다. 다시 말해 정리·정돈 초보자는 '두 번째 경로 → 세 번째 경로 → 첫 번째 경로'의 순으로 정리·정돈을 실천하면 큰 성과를 거둘 수 있다.

나는 정리·정돈으로 월수입 100배의 자산을 만들었다

정리·정돈을 실천하면 실제로 어떤 효과를 거둘 수 있을까? 나의 예를 소개하겠다.

나는 대학생 시절에 돈을 모으기 위해 일단 가계부를 잘 적을 수 있는 환경부터 만들기로 결심했다. 그 방법이 바로 책상 주변을 정리·정돈하는 것이었다. 책상을 깔끔히 정리·정돈하자 언제든지 가계부를 펼치고 집중해서 적을 수 있게 되었다. 앞서 설명한 세 번째 경로부터 정리·정돈을 시작한 셈이다.

이는 생각지도 못한 파급 효과를 불러왔다. 공부에도 더 집중할 수 있게 된 것이다. 대학생 시절부터 6년 차 직장인 시절까지 자격증 취득에 힘을 쏟을 수 있었던 것도 이런 환경 덕분이었다. 그동안 취득한 자격증은 모두 25개인데 그중 대표적인 자격증은 다음과 같다.

- 에너지 관리사
- 제3종 전기 주임 기술자
- 공해 방지 관리자 수질 1종, 대기 1종
- 부기 검정 2급(일본상공회의소)
- 주택 건설 거래 주임자

솔직히 나는 자격증을 취득하는 일 자체가 목적이었다. 그래서 이 자격증들을 제대로 활용하지는 않았다. 하지만 자격증을 갖고 있으면 끈기·계획성·공부 습관에 스스로 자신감을 가질 수 있게 된다. 이런 성공 체험과 자신감을 무기 삼아 엔지니어에서 컨설턴트로 이직해서 연봉을 높일 수 있었다.

정리·정돈과 가계부의 효과로 어느 정도 돈이 모이자 은행 이자만으로는 만족할 수 없었다. '좀 더 돈이 되는 투자'를 하고 싶어졌다. 직접 일해서 돈을 버는 한편 돈을 굴려서 돈을 벌고 싶어진 것이다.

그래서 투자와 관련된 책을 100권 정도 읽었다. 투자가의 홈페이지나 블로그를 방문하기도 하고 세미나에 참석해서 공부하기도 했다.

마침내 주식 투자, 투자 신탁, 상품 선물 거래, 외환 거래, 순금 적립, 부동산 투자 등의 수많은 투자를 실천할 수 있었다. 투자에는 여러 가지 방법이 있는데 누군가가 성공한 방법은 그 사람에게만 특화된 방법일 뿐 나에게는 맞지 않는다는 점도 알게 되었다.

나는 여러 가지 방법을 시도해본 결과 본업에 지장을 주지 않으면서도 나에게 맞는 투자 방법을 찾아낼 수 있었다. 그것이 지금도 꾸준히 하고 있는 '투자 신탁'과 '부동산 투자'이다.

나의 자산 운용 흐름은 다음과 같다.

저축 → 투자 신탁 구입 → 투자 신탁 매각 → 부동산 구입 → 임대 수입 →

저축액 증가 → 투자 신탁 구입 → (사이클 반복)

이 사이클을 끊임없이 되풀이한다. 처음에는 부동산 임대 수입을 얻

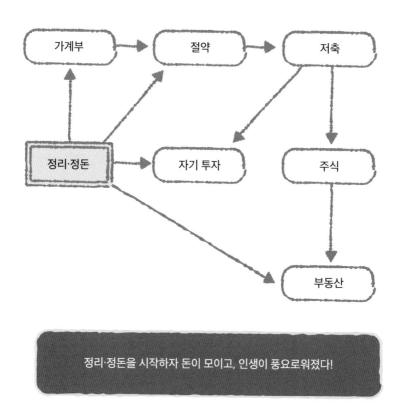

● 정리·정돈은 인생을 바꾸는 킬러패스

가계부 → 절약 → 저축

정리·정돈 → 자기 투자   주식

부동산

정리·정돈을 시작하자 돈이 모이고, 인생이 풍요로워졌다!

기까지 시간이 꽤 걸렸다. 하지만 이 사이클이 한 번 회전하자 자산이 늘어나는 속도가 점점 빨라졌다.

아직 목표 금액에 도달하지는 못했지만 순자산(저축액+주식+부동산−빚)은 실수령 월급의 100배에 달한다. 시간이 지나면서 월급과 투자 수입이 늘었다. 하지만 소비나 지출은 가능한 한 증가하지 않도록 노력해서 오히려 저축액을 늘렸다. 최근 몇 년 동안의 실적을 보면 연간 수입의 60%를 저축한 해도 있었다.

지금까지 자동차 구입, 결혼, 출산, 이사 등 큰 지출이 필요한 일이 많았지만 연간 수입의 최소 30% 이상을 저축하는 탄탄한 가계를 꾸리고 있다.

절약, 공부, 투자, 그리고 저축액 늘리기. 이 모든 것은 정리·정돈에 서부터 시작되었다. 나는 정리·정돈 덕분에 풍요로운 인생을 보내고 있는 셈이다.

갈 길이 멀다고 생각할지도 모른다. 하지만 인생은 그보다 더 길다. 그러니 저축액이 적은 사람은 지금부터라도 꼭 정리·정돈을 시작해보기 바란다.

정리·정돈은 당신을 배신하지 않는다. 반드시 효과를 볼 것이다.

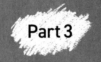
Part 3

돈을 부르는 기적의 정리·정돈 1단계

당신의 지갑에서
돈이 새고 있다

'정리·정돈'이라는 말을 들으면 방이나 집을 치우는 장면이 떠오른다.
하지만 '돈을 모으기 위한 정리·정돈'에서는 먼저 지갑부터 정리·정돈해야 한다.
지갑을 정리·정돈함으로써 돈과 정면으로 마주하는 것이 그 목적이다.

1장

돈을 소중히 다루는 **사람**에게
돈이 **모인다**

지갑부터 정리·정돈해야 하는 이유

대개 한 사람의 지갑과 방의 상태는 닮았다. 방이 지저분한 사람은 지갑도 지저분하고, 방이 깨끗한 사람은 지갑도 깨끗하다. 방에 온갖 물건을 가져다놓는 사람은 지갑에도 잡다한 물건을 잔뜩 넣어서 지갑이 빵빵해지기도 한다.

'돈을 모으기 위한 정리·정돈'의 첫걸음은 지갑의 정리·정돈이다. 지갑부터 정리·정돈해야 하는 이유로는 3가지가 있다.

첫째, 지갑은 '돈의 집'이기 때문이다. 지갑이 포인트카드, 영수증, 할인권으로 가득해서 빵빵하고 너덜너덜하다면 돈이 그 안에 머물고 싶어 하지 않을 것이다. 일단 지갑 안을 정리·정돈해서 돈이 기분 좋게 머물 수 있도록 해야 한다. 지갑 안이 아늑하다면 돈은 지갑에서 나오려고 하지 않는다. 어쩌다 한 번 나간 돈도 깔끔하고 편안한 지갑 안을 잊지 못한다. 그래서 언젠가 자신의 지갑으로 되돌아오게 된다.

둘째, 정리·정돈하기 쉽기 때문이다. 지갑의 크기는 기껏해야 20cm×10cm 정도이므로 그 안에 들어가는 물건의 양도 얼마 되지 않는다. 그러므로 지갑 자체를 정리·정돈하는 데는 10분이면 충분하다. 적은 시간으로 정리·정돈의 효과를 한껏 체험할 수 있고 정리·정돈의 의욕도 쉽게 높일 수 있다.

셋째, 지갑의 내용물을 매일 체크하는 습관을 들일 수 있기 때문이다. 매일 지갑을 열어서 지갑 안에 불필요한 물건이 없는지, 영수증은 그대로 있는지, 남은 돈은 얼마인지, 돈이 얼마나 줄었는지를 확인하는 일은 돈을 모으는 데 매우 중요하다. 지갑을 정리·정돈해서 깔끔하고 청결한 상태를 유지하면 지갑의 내용물을 체크하는 일도 한결 편해진다.

지폐에 그려진 위인들의 초상화를 보면서 지폐에도 인격이 있다고 생각해보는 것은 어떨까. 돈을 모으고 싶다면 돈을 사람처럼 소중히 여겨야 하며, '돈의 집'인 지갑 안을 아늑하게 꾸며야 한다.

지폐는 편안히 쉬고 싶어 한다

돈이 쾌적하게 지낼 수 있는 지갑을 가진 사람에게는 다음과 같은 흐름에 따라 돈이 저절로 모이게 된다.

돈을 모으고 싶다 → 돈을 소중하게 여긴다 → '돈의 집'(지갑)을 쾌적하게 만든다 → 돈의 사랑을 받는다 → 돈이 모인다

따라서 단순히 '돈을 지갑 안에 많이 넣을수록 좋다'는 차원에서 벗어나 어떤 돈을 어디에, 어떻게, 얼마큼 넣어야 할지 고민하며 돈이 지갑 안에서 쾌적하게 지낼 수 있는 환경을 만드는 것이 중요하다.

그 비결로는 다음의 5가지가 있다.

① 지폐의 머리를 위로 향하게 한다

지폐 속 초상화의 머리를 아래로 향하게 넣어야 돈이 지갑에서 빠져나가지 않는다는 의견도 있다. 그러나 그렇게 줄곧 물구나무서면 머리에 피가 쏠려 위험하다. 초상화가 편히 쉴 수 있도록 머리를 위로 향하게 해서 지갑에 넣어야 한다.

머리가 위로 향해 있으면 지갑에서 빠져나가기 쉬울 것 같다. 하지만 지갑을 늘 쾌적하게 유지해서 계속 머물고 싶게 한다면 지폐는 한

번 빠져나갔다가도 다시 들어온다.

지폐를 기분 좋게 보냈다가 또 기분 좋게 맞이하는 일을 되풀이하면 돈으로부터 사랑받는 사람이 될 수 있다.

② 1000원 → 5000원 → 1만 원 → 5만 원 순으로 넣는다*

지폐를 순서 없이 넣지 말고 1000원짜리, 5000원짜리, 1만 원짜리, 5만 원짜리 순으로 정리해서 넣어야 한다. 지폐의 대장이라 할 수 있는 5만 원짜리는 지갑의 가장 안쪽에 넣는다. 지폐의 졸병이라 할 수 있는 1000원짜리는 지갑의 가장 바깥쪽에 넣어서 지갑을 열면 바로 보일 수 있도록 한다. 5000원짜리와 1만 원짜리는 그 사이에 넣으면 된다. 각 지폐의 자리가 비어 있으면 보기 안 좋으니 일부러라도 종류별로 몇 장씩은 꼭 확보해두도록 한다.

③ 지갑의 가격 = 지폐의 총액

지갑에 넣는 지폐의 총액은 지갑의 가격과 같아야 한다. 10만 원짜리 지갑에는 10만 원 정도의 지폐를 넣는다는 뜻이다. 10만 원이라는 금액을 넣는 데 이상적인 지폐 매수는 5만 원짜리 1장, 1만 원짜리 2장, 5000원짜리 4장, 1000원짜리 10장이라고 하겠다.

저렴한 지갑에 너무 많은 지폐가 들어 있거나 반대로 값비싼 고급 지갑에 초라한 양의 지폐만 들어 있으면 균형이 맞지 않아서 좋지 않다. 지갑과 내용물의 조화가 이루어지지 않으면 지폐는 편안히 쉬지 못한다.

④ 빳빳한 신권을 확보한다

지갑에 신권이 들어 있으면 지갑을 열었을 때 기분이 좋아진다. 신권은 지불할 때도 왠지 뿌듯함이 느껴지고 받을 때도 괜히 설렌다.

너덜너덜한 지폐는 현금출납기 안에 넣기 껄끄러우므로 계산원들이 싫어한다. 그러므로 신권을 지불하는 것은 단순히 돈을 내는 행위가 아니라 상대방을 세심하게 배려하는 마음도 함께 표현한다.

내가 지방 출장 중에 택시를 타고 요금을 낼 때의 일이다. 신권으로 3000엔을 건네려고 했는데 실수로 4000엔을 건네고 택시에서 내리고 말았다.

그러자 운전기사가 일부러 차를 몰고 나를 쫓아와서는 "1000엔 더 내셨어요. 여기, 신권요!" 하며 웃는 얼굴로 돌려주었다. '신권은 사람을 기분 좋게 하는구나!' 하고 실감한 순간이었다.

하지만 늘 신권을 확보해서 가지고 다니기는 어렵다. 그러므로 가까운 은행에 들러 신권으로 교환하는 습관을 들이면 좋다.

⑤ 지폐는 장지갑에 넣는다

지폐를 신권의 빳빳한 상태로 보관하려면 장지갑을 사용하는 편이 좋다. 반으로 접는 지갑은 바지 주머니나 가방에 넣어 간편하게 휴대할 수 있어 편리하다. 하지만 신권이 접힌다는 커다란 단점이 있다. 그러나 장지갑에는 빳빳한 신권 상태 그대로 넣을 수 있다.

그리고 장지갑을 집에 보관해둘 때는 깨끗한 상자 안에 넣어 특별 대우하는 것이 바람직하다.

지금 반으로 접히는 지갑을 사용하는 사람은 스스로 정한 정리·정돈 목표를 달성한 후에 자신에게 수여하는 상으로서 새 장지갑을 사기 바란다. 그러면 새로운 마음으로 다시 한번 정리·정돈에 매진할 수 있을 것이다.

• 일본 원문은 일본 지폐 단위로 되어 있으나, 한국 독자들의 가독성을 위해 필요한 부분은 한화 지폐 단위로 옮겼음을 밝힌다.-옮긴이

● 지폐는 지내기 쾌적한 지갑으로 되돌아온다

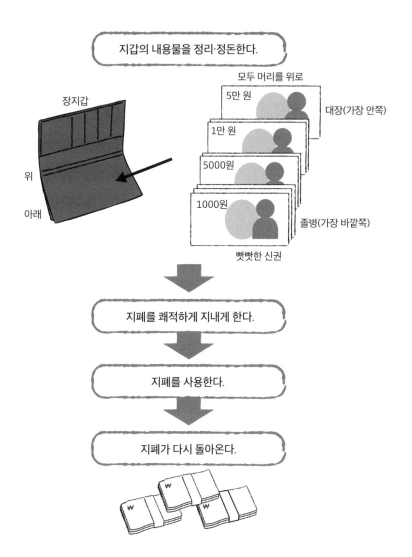

지갑의 내용물을 정리·정돈한다.

모두 머리를 위로

장지갑

5만 원
대장(가장 안쪽)

1만 원

5000원

위

1000원

아래

졸병(가장 바깥쪽)

빳빳한 신권

지폐를 쾌적하게 지내게 한다.

지폐를 사용한다.

지폐가 다시 돌아온다.

2장

동전과 **지폐, 함께** 넣을까
따로 넣을까

동전과 지폐, 따로 넣는 것이 최선이지만……

그러면 동전은 지갑 안에 어떻게 정돈해야 좋을까?

동전 정돈 방법에 대해서는 두 가지 주장이 있다. 먼저 동전을 지폐와 같은 지갑에 넣어야 한다는 주장이 있다. 그리고 동전 지갑을 따로 마련해서 넣어야 한다는 주장도 있다.

'동전을 동전 지갑에 따로 넣어야 한다'는 주장의 이유는 동전과 지폐가 한 지갑에 있으면 지폐가 고통을 느끼기 때문이다. 지폐는 동전과 따로 있어야 편안히 쉴 수 있을 것이다. 또한, 동전을 지폐용 지갑에 넣으면 지갑이 망가질 수도 있다. 그러므로 장지갑을 깔끔하게 유지하려면 동전 지갑을 따로 마련하는 편이 확실히 좋다.

나도 처음에는 동전 지갑을 따로 챙겨 다녔다. 하지만 지갑이 두 개 있으면 아무래도 돈을 꺼낼 때 시간이 더 걸린다. 동전 지갑을 열어 동전을 꺼내고, 이어서 장지갑에서 지폐를 꺼내는 일은 불편하다. 게다가 거스름돈을 받을 때 지폐와 동전을 구분해서 각각 다른 지갑에 넣는 일도 성가시다. 돈을 낼 때 시간을 오래 끌면 뒤에서 기다리는 사람에게도 폐를 끼치게 된다. 그래서 정신적으로 부담을 느꼈던 나는 지폐와 동전을 한 지갑에 넣어 다니기로 했다. 그러는 편이 돈을 내거나 받을 때 편리하고 깔끔하다.

어떤 방법을 사용하든 상관없다. '자신의 마음'을 최우선으로 고려해서 자신에게 가장 알맞은 방법을 선택하면 된다.

특별하고 희귀한 동전에 주목하라

여담이지만, 나는 젊었을 때 동전을 모으는 취미가 있었다. 그 영향 때문인지 지금도 가계부를 적으며 남은 돈을 확인할 때 '특별한 동전'이 없는지 설레는 마음으로 살펴본다.

일본에서는 '1951년에서 1958년 사이에 발행된 10엔짜리 동전'과 '1949년에서 1958년 사이에 발행된 5엔짜리 동전'이 '특별한 동전'이라고 할 수 있다.

1951년에서 1958년 사이에 발행된 10엔짜리 동전의 측면에는 톱니무늬가 새겨져 있다. 이 무늬는 고액 동전에만 새겨지는 무늬다. 1959년 이후에는 500엔, 100엔, 50엔짜리 동전에만 새겨져 있고 10엔, 5엔, 1엔짜리 동전에는 이 무늬가 없다. 그러니 지금은 톱니무늬가 새겨진 10엔짜리 동전이 특별해진 것이다.

특히 더 희귀한 것은 '1958년에 발행된 10엔짜리 동전'이다. 그해에는 10엔짜리 발행 개수가 2500만 개로, 다른 해보다 훨씬 적었기 때문이다. 발행 개수가 가장 많았던 1974년의 17억 8000개에 비하면 겨우 1.4%에 불과하다. 전체 시장 유통 개수로 따져보면 그 비율은 훨씬 낮아진다. 그래서 '1958년에 발행된 톱니무늬가 새겨진 10엔짜리 동전'을 발견한다면 굉장한 행운이다.

1949년에서 1958년 사이에 발행된 5엔짜리 동전은 서체가 해서체여서 격식 높은 인상을 준다. 그중에서도 '1957년에 발행된 5엔짜리 동전'은 1000만 개밖에 발행되지 않았고, 조폐국에서 다시 회수하는 바람에 거의 눈에 띄지 않는다. 여러분도 이런 '행운의 동전'을 눈여겨 찾아보기 바란다(인터넷 검색으로 한국의 희귀 동전에 대한 자료를 찾아보면, 1966·1977·1981년도에 발행된 10원짜리 동전, 1972·1977년도에 발행된 50원짜리 동전, 1970·1981년도에 발행된 100원짜리 동전, 1987·1998년에 발행된 500원짜리 동전이 희귀 동전으로 알려져 있다 – 옮긴이).

3장

지갑 속 **카드**, 정리·정돈 **대상 1호**

체크카드는 딱 한 장이면 된다

여러분의 지갑에는 돈 외에 어떤 물건이 더 들어 있는가? 잡다한 물건들이 들어가 빵빵해진 지갑은 돈이 살기에 불편하다. 따라서 나갔던 돈이 되돌아오지 않으므로 얼른 정리·정돈해야 한다.

정리·정돈은 항상 정리부터 시작한다. 다시 말해, 먼저 물건을 버린 다음에 내용물을 정돈해야 한다는 뜻이다. 우선 지갑의 내용물을 전부 꺼내서 '돈', '돈에 준하는 물건', '기타'로 나누어보자.

'돈에 준하는 물건'이란 돈처럼 사용할 수 있는 물건을 말한다. 체크카드, 신용카드, 교통카드, 상품권 등이 이에 해당한다. 지갑에는 '돈'

과 '돈에 준하는 물건'만 넣도록 한다. 그 외의 물건은 다른 곳으로 옮기거나 버려야 한다.

체크카드를 여러 장 가진 사람은 하나만 남기고 나머지는 버려야 관리하기가 편하다. 체크카드 여러 장을 내키는 대로 쓴다면 언제 어느 계좌에서 얼마나 인출되는지 알기 어려워 관리하기 불편하다. 또한, 여러 계좌의 잔액을 상시 파악해두기도 어려우므로 계좌에 돈이 떨어진 줄도 모르고 카드를 사용했다가 낭패를 보기도 한다.

덧붙여, 자주 사용하는 은행 계좌도 하나만 남기고 나머지는 해지하는 것이 좋다. 사용하지 않는 계좌를 해지할 때는 인출할 돈이 없는지 확인한 후 해지해야 한다. 이직이나 결혼 같은 인생의 전환점을 맞이할 때는 은행 계좌를 동시에 여러 개 갖게 되는 경우가 많으므로, 혹시나 잊어버려서 해지하지 않고 남겨둔 계좌가 없도록 주의해야 한다. 사용하지 않은 채 일정 기간이 지나면 휴면 계좌가 되어 훗날 돈을 찾지 못할 수도 있다.

참고로, 일본의 휴면 계좌에는 총 530억 엔이나 되는 '매장금'이 잠들어 있다고 한다. 일본의 20세 이상 인구는 1억 484만 명이기 때문에 1인당 506엔의 잔액을 휴면 계좌에 갖고 있다는 계산이 나온다. 혹시 여러분의 휴면 계좌에도 매장금이 잠들어 있을지 모르므로, 사용하지 않는 계좌를 해지하면서 잔액을 꼭 확인해보자(언론 보도에 따르면 우리나라는 2013년 10월 현재 '금융기관의 휴면 계좌에 쌓인 돈을 다 합치면 1조 원에 이른다'고 한다. 경향신문 2013년 10월 15일자 인터넷판 기사 참조—옮긴이).

계좌, 생활용과 저축용으로 나눠라

이렇게 하나로 정리한 은행 계좌를 '생활용 계좌'로 지정한다.

생활용 계좌로는 급여가 들어오는 계좌, 혹은 집이나 직장에서 가까운 은행의 계좌 등 자신에게 가장 편리한 계좌를 사용한다.

생활용 계좌에 급여가 들어오면 이 계좌에서 집세, 수도광열비, 전화요금, 인터넷요금 등이 빠져나가도록 한다. 각종 요금을 일일이 납부하기는 번거로우므로 매달 자동 인출되도록 한다.

이처럼 돈이 들어오는 계좌와 돈이 나가는 계좌를 하나로 통일하면, 기본적으로 지갑에 넣는 물건은 체크카드 한 장이면 충분하다.

생활용 계좌 외에 '저축용 계좌'도 준비한다. 저축용 계좌는 매달 일정 금액을 모아두는 곳이다. 돈이 생활용 계좌에서 저축용 계좌로 매달 자동 이체되도록 설정한다. 이체일은 급여일 바로 다음 날로 설정하는 것이 좋다.

처음에는 평소 지출 수준을 고려해서 최소한의 금액만 저축한다. 그러다가 점점 지출을 줄이면서 저축액을 늘리도록 한다. 가계부를 적

● '생활용 계좌'와 '저축용 계좌'

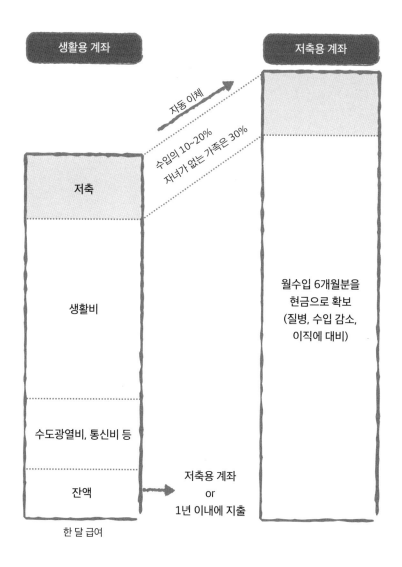

생활용 계좌

저축용 계좌

자동 이체

수입의 10~20%
자녀가 없는 가족은 30%

저축

생활비

월수입 6개월분을
현금으로 확보
(질병, 수입 감소,
이직에 대비)

수도광열비, 통신비 등

잔액

저축용 계좌
or
1년 이내에 지출

한 달 급여

으면 매달 저축용 계좌에 얼마나 넣어야 적당한지 계산할 수 있다. 저축용 계좌의 돈은 되도록 건드려서는 안 되기 때문에, 저축용 계좌와 연계된 카드는 절대 가지고 다니지 말아야 한다.

저축용 계좌로는 증권 계좌를 추천한다. 이자가 은행보다 높고 훗날 투자의 포석이 될 수 있기 때문이다.

신용카드, 지금 당장 잘라버려라

신용카드의 장점은 돈을 가지고 있지 않아도 외상과 할부 결제로 물건을 바로 살 수 있다는 편리성에 있다. 신용카드는 인터넷 쇼핑을 할 때도 편리하다. 집에서 마우스를 클릭하기만 하면 크고 무거운 물건도 손쉽게 받을 수 있다.

신용카드의 편리함을 누리고자 하는 마음은 충분히 이해한다. 그러나 신용카드는 돈을 쓴다는 의식 자체를 마비시키는 요물이다. 필요 없는 물건이라도 별생각 없이 카드를 긁어 사버리게 만들기 때문이다. 이렇게 돈이 새나가는 구멍을 막지 않는다면 돈을 모으는 일은 영원히 불가능하다.

저축액이 거의 없는 사람은 '신용카드를 가지고 다니지 않는 것'이 기본 자세다. 매장에서 쇼핑할 때는 현금을 사용하면 되고, 인터넷 쇼핑을 할 때는 계좌 이체나 체크카드를 이용하면 신용카드 없이도 충분히 물건을 살 수 있다. 현금을 사용하면 실제로 돈을 사용한다는 감각을 절실히 느낄 수 있다. 이것은 결국 절약으로 이어진다. 따라서 어느 정도 돈이 모일 때까지는 신용카드를 지갑에 넣어두지 말아야 한다. 나는 급여의 10개월분을 저축하기 전에는 신용카드를 사용할 자격이 없다고 생각한다.

어쩔 수 없이 신용카드를 사용해야 한다면 딱 한 장만 가지고 다니도록 한다. 이왕 사용할 거라면 다양한 기능과 혜택이 추가된 신용카드를 선택한다.

포인트카드와 할인권, 정말 사용하는가

지갑에는 '돈'과 '돈에 준하는 물건'만 넣고, 그 외의 물건은 버리는 것이 원칙이다. 지갑과 어울리지 않는 대표적인 물건은 포인트카드, 할인권, 진료카드, 건강보험증, 운전면허증, 사진, 편지, 부적 등이다. 그중에서도 포인트카드와 할인권은 지갑에서 확실히 쫓아내야 한다. 여러분의 지갑에도 사용하지 않는 포인트카드나 할인권이 여러 장 들어 있을 것이다.

나도 예전에는 포인트카드를 지갑에 여러 장 넣고 다닌 적이 있다.

그러나 한동안 사용하지 않다보면 나도 모르는 사이에 포인트 사용 기한을 넘겨버릴 때가 자주 있었다. 돌이켜보면 포인트를 제대로 활용해본 기억이 없다. 포인트가 쌓였다 해도 극히 적은 금액일 뿐이고, 할인권도 사용하기 전에 기한을 넘기는 경우가 대부분이었다.

이전에 지갑에 포인트카드와 할인권만 48장이나 넣고 다니는 사람을 본 적이 있다. 용케도 그 많은 카드를 지갑에 다 집어넣는 모습이 감탄스러울 정도였다. 가게에서 줄 서서 계산할 때 48장의 카드 가운데 그 가게의 포인트카드 한 장을 찾느라 뒤에서 기다리는 다른 손님들을 초조하게 만들 것을 생각하니 내가 다 진땀이 난다.

포인트카드는 포인트를 적립하고 사용하기가 성가시고 장점도 크지 않기 때문에, 지갑에 한자리를 내줄 만큼의 가치가 없다. 포인트를 쌓으려고 괜한 물건을 사는 본말전도의 행동도 가게의 꼼수에 넘어가는 일일 뿐이니 당장 그만두어야 한다.

하지만 사용하는 빈도가 매우 높은 포인트카드는 절약의 방편이 될 수 있으므로 남겨두어도 좋다. 나는 한 달에 한 번 이상 꼭 가는 가게를 제외하고는 포인트카드나 할인권을 전부 정리해서 버렸다. '한 달에 한 번 이상'이라는 기준을 정해놓고 포인트카드를 정리하자, 지갑에는 포인트카드가 딱 두 장만 남았다. 이렇게 포인트카드를 줄이자 마음이 가벼워졌을 뿐만 아니라 계산할 때 포인트카드를 일일이 찾는 수고도 덜었다. 어차피 포인트는 잘 쌓이지 않는 법이니 포인트카드를

● 지갑에 넣어야 할 물건

	별로 사용하지 않는다. 몇 달에 한 번 사용한다.	자주 사용한다. 한 달에 한 번 이상 사용한다.
돈, 돈에 준하는 물건	해지·정리할 것을 고려한다.	지갑으로(체크카드는 한 장만)
기타	버린다. (가끔 사용하는 포인트카드는 카드 지갑으로)	카드 지갑 등 별도의 장소에 보관한다. (자주 사용하는 포인트카드는 지갑으로)

뒤지는 시간은 낭비일 뿐이다. 이렇게 해서 지갑 안이 깔끔해지자, 왠지 부자가 된 듯한 기분이 들었다.

나는 일부 포인트카드를 카드 지갑으로 옮겼다. 한 면에 4장의 카드를 넣을 수 있는 지갑이다(가지고 다니기도 편리하다). 몇 달에 한 번 쓰는 카드나, 버려서는 안 되는 카드는 이 카드 지갑에 보관한다. 예를 들어, 저축용 계좌의 현금카드, 증권회사의 카드, 진료카드, 미용실 카드, 가전제품점 포인트카드 등을 카드 지갑에 보관한다. 포인트카드를 쉽사리 버리지 못하는 사람은 일단 모든 포인트카드를 카드 지갑으로 옮겨놓기 바란다. 그러고 나서 반년 정도 지켜보면서 어떤 카드를 계속 사용하고 어떤 카드를 버릴지 천천히 판단하면 된다.

신분증 대신 운전면허증을 지갑 안에 넣고 다니는 사람도 많다. 운전면허증은 자동차를 운전할 때 사용하는 것이므로 나는 자동차 안에 보관한다. 운전면허증을 남에게 보여줄 이유는 거의 없으니 지갑 안에 넣고 다닐 이유도 없다.

결론적으로, 지갑에는 '돈'과 '돈에 준하는 물건'만 들어 있어야 하며, 지갑에 들어가는 카드로는 체크카드 한 장, 포인트카드 1~3장 등 모두 합쳐 4장 정도가 이상적이다.

4장.

가계부는 최강의 절약 도구

●

가계부 작성에도 단계가 있다

지금까지 지갑의 정리·정돈을 살펴보았다. 지갑의 정리·정돈 방법을 잘 실천했다면 지금 여러분의 지갑에는 빳빳한 신권이 가지런히 들어 있을 것이다. 아마 카드도 확 줄어들었을 것이다. 이전에 빵빵했던 지갑이 눈에 띄게 날씬해졌을지도 모른다. 그만큼 지갑의 내용물을 확인하기도 편리해졌을 것이다.

사실 지갑의 정리·정돈은 가계부를 잘 적을 수 있는 환경을 만드는 일이기도 하다. 지금부터는 깔끔해진 지갑을 활용해서 가계부 작성에 도전하는 방법을 설명하겠다.

Part 1에서 '수입 늘리기 → 저축'이나 '자산 운용 → 지축'의 방법보다는 '절약 → 저축'의 방법이 더욱 효과적으로 돈을 모을 수 있다고 말했다. 하지만 무턱대고 '절약 → 저축'을 실천하기는 어렵다. 따라서 '정리·정돈 → 절약 → 저축'이라는 과정을 차근차근 밟아야 한다. 앞에 '정리·정돈'이라는 발판을 두어서 절약하는 습관을 몸에 익히려는 의도다. 여기에서 한 걸음 더 나아가 '가계부'라는 발판을 추가해서, '정리·정돈 → 가계부 → 절약 → 저축'이라는 단계를 거치면 절약과 저축을 훨씬 쉽게 실천할 수 있다.

가계부는 사용하는 돈을 데이터베이스로 만드는 일이다. 가계부에는 수입과 지출 데이터가 빈틈없이 정리된다. 돈의 쓰임을 가계부라는 데이터베이스로 구축하려는 이유는 '낭비되는 요소를 눈에 보이게 하기 위해서'다. 가계부 작성 자체가 목적이 아니다. 작성한 가계부를 분석해서 낭비를 없애고 절약의 실마리를 찾으려는 것이 주된 목적이다.

가계부 분석은 식비, 소모품 등의 항목마다 얼마나 돈을 사용했는지를 집계해서 분석하는 것이다. 가계부를 분석하면 '과거에 자신이 어떻게 돈을 썼는지' 알 수 있을 뿐만 아니라, '다른 가족 구성원이 얼마나 돈을 썼는지'도 알 수 있다. 이는 자신과 가족의 절약 의식을 실질적으로 높여준다. 가계부를 적을 때는 이런 목적을 늘 염두에 두어야 한다.

장황하게 설명할 필요도 없다. 가계부의 중요함은 이미 누구나 잘 알고 있을 것이다. 그러나 가계부 작성을 결심만 하고 시작하기도 전에 포기하는 사람이 많다. 막상 시작했지만 며칠 못 가 그만두는 사람도 많다.

가계부 작성을 포기하는 사람의 이야기를 들어보면, "돈을 어디다 썼는지 기억나지 않는다", "지갑에 남은 돈이 사용한 액수와 맞지 않는다", "어떻게 적어야 할지 모르겠다", "식당에서 낸 음식값이 식비인지 교제비인지 헷갈린다" 등의 이유로 가계부 작성에 어려움을 느꼈다는 호소가 많다.

이처럼 초보자가 가계부를 적는 일은 생각보다 어렵다. 그러므로 처음부터 단번에 완벽하게 적으려고 해서는 안 된다. 가계부 작성에도 나름대로 수준과 단계가 있음을 이해해야 한다. 그런 이해 없이 대뜸 수준 높은 가계부 작성에 도전했기 때문에 작심삼일로 끝나는 것이다.

마라톤에 비유하자면 오버페이스와 같다. 마라톤 선수가 초반에 무리해서 속도를 너무 높이면 중반 이후에는 체력이 급격히 떨어져 결국 경기를 포기할 수밖에 없다. 가계부도 마찬가지다. 처음에는 쉬운 단계부터 차근차근 해나가다가 점점 어려운 단계로 넘어가야 중간에 포기하지 않고 완주할 수 있다. 처음에는 어떤 형태로든 매일 가계부를 적는 습관을 들이는 것이 우선이다. 그러고 나서 그 방법을 차근차근 진화시켜나가면 된다. 구체적인 단계는 132쪽

● 가계부 작성의 다섯 단계

제5단계

8. 집계 결과를 분석한다(지혜).
7. 항목마다 집계한다(지식).

제4단계

6. 매일 지출 내역 액수를 공책에 기록한다(습관).
5. 지출액을 적절한 항목으로 나눈다(지식).

제3단계

4. 영수증을 받지 못할 때는 휴대전화에 기록한다(습관).
3. 지출할 때마다 영수증을 받는다(습관).

제2단계

2. 매일 지갑의 잔액을 공책에 기록한다(습관).

제1단계

1. 가계부 작성을 준비한다(지식).

Step Up!

의 그림과 같다.

가계부, 작성할 수 있는 환경부터 만들어라

가계부 작성 단계를 순서대로 설명하겠다.

제1단계는 가계부를 적을 수 있는 환경을 마련하는 일이다. 가계부를 처음 적기 시작했을 때는 약간의 어려움만 느껴도 금세 포기해버리고 만다. 사람은 작업에 몰두할 때 가장 에너지가 솟기 마련이다. 따라서 에너지가 솟는 순간 작업을 방해하는 요소를 제거해야만 오랫동안 꾸준히 작업을 실천할 수 있다.

가계부를 적을 수 있는 환경에 관해서는 '지갑, 공책, 휴대전화, 책상'이라는 4가지 중요한 요소가 있다.

① 지갑

가계부를 작성하려면 영수증을 꼼꼼히 챙겨야 한다. 영수증에는 구입한 물품과 가격이 기록되어 있기 때문이다. 무엇을 얼마에 샀는지 일일이 머릿속에 기억할 수는 없는 노릇이다. 따라서 물건값을 계산하고서 영수증을 반드시 받아야 한다.

그렇게 받은 영수증은 지갑에 챙겨둔다. 지갑에 쓸데없는 물건이 잔뜩 들어 있으면 영수증을 챙겨둘 공간이 없을 것이다. 따라서 평소에 지갑을 정리·정돈해둘 필요가 있다.

이때 영수증을 지폐와 같은 공간에 넣으면 안 된다. 지갑 안을 보면 대개 칸막이가 있어 공간이 두 군데 이상으로 나뉘어 있을 것이다. 한 공간에는 지폐만 넣고, 다른 공간에는 영수증만 챙겨 넣어야 한다. 지폐와 영수증을 같은 공간에 넣지 않는 것이 핵심이다. 지폐에는 '인격'이 있으므로 특별 대우를 해야 하는 법이다. 지폐는 지폐끼리, 영수증은 영수증끼리 넣어야 지폐가 지갑 안에서 편히 쉴 수 있다.

칸막이가 없어서 공간이 한 군데밖에 없는 지갑을 사용한다면, 기회를 봐서 공간이 두 군데 이상인 지갑으로 바꾸는 게 좋다.

② 공책

가계부는 일반 공책에 적어야 가장 간단히, 그리고 꾸준히 실천할 수 있다. 시판하는 가계부는 이미 양식이 갖추어져 있기 때문에 일반적인 양식에서 벗어나 자기 나름의 기준으로 가계부를 적으려는 사람에게는 맞지 않다. 물론 시판하는 가계부의 양식이 자신의 기준에 맞다면 그 가계부를 선택해도 상관없다.

하지만 이전에 구입했던 가계부로 작성을 시도했다가 여러 번 실패를 맛본 사람이라면, 이번에는 줄만 그어진 일반 공책을 사용해서 자기 나름의 기준으로 가계부를 작성해보기 바란다.

③ 휴대전화

가계부를 적는 사람의 흔한 고민은 '영수증을 받지 못할 때는 어떻게 할까?'이다. 방법은 간단하다. 휴대전화에 메모하면 된다.

내가 사용하던 휴대전화에는 '지출 메모'라는 기능이 있었다. 항목(식비, 교통비, 잡비 등)을 선택해서 지출 금액을 입력하면, 나중에 몇 월, 며칠, 몇 시, 몇 분에, 어디에서, 얼마나 돈을 썼는지 확인할 수 있다.

요즘에는 스마트폰에서 활용할 수 있는 가계부 관련 애플리케이션도 많다. '가계부'나 '용돈기입장'으로 검색하면 사용하기 쉬운 가계부 애플리케이션을 찾아서 설치할 수 있다.

'가계부'라는 이름의 무료 애플리케이션은 항목마다 간단히 입력할 수 있을 뿐만 아니라 1일 표시, 월간 표시, 원 그래프 표시 등으로 지출을 분석할 수 있는 등 충실한 기능을 갖추었다.

나는 현재 아이폰에서 '간단! 용돈기입장'이라는 무료 애플리케이션을 사용한다. 영수증을 받지 못할 경우를 대비하는 것이기 때문에 무료 애플리케이션으로도 충분하다.

휴대전화는 자기 몸의 일부처럼 늘 가지고 다니는 물건이다. 틈만 나면 언제든지 재빨리 입력할 수 있다. 간편하다는 점은 꾸준히 실천하는 데 중요한 요소이다. 따라서 편리한 애플리케이션을 발견하면 적극 활용하기를 권한다.

④ 책상

책상은 가계부를 적는 장소다. 자세한 사항은 Part 4에서 설명하겠지만, 깨끗하게 정리·정돈된 책상 위에서는 기분 좋게 가계부를 적을 수 있다.

5장

가계부 작성 첫 번째 단계, 지갑 속 잔액 기입

이미 습관화된 행동을 찾는다

가계부를 매일 꾸준히 적는 요령 가운데 하나는 '하루 중 언제 가계부를 적을지 분명히 정하는 것'이다. '집에 돌아와서 시간 날 때 적어야지' 하고 막연하게 생각하면 금방 잊어버리고 만다. 습관화되지 않았기 때문에 당연히 그렇게 된다.

이미 습관화된 행동과 '동시에', 혹은 '그 직전'에 새로운 습관(가계부 작성)을 의식적으로 집어넣으면, 자연스럽게 가계부 적는 습관을 들일 수 있다. 주의할 점은 습관화된 행동 '직후'에 새로운 습관을 집어넣으면 별 효과가 없다는 사실이다.

나는 집에 돌아와서 서재 의자에 앉으면 머릿속의 가계부 스위치가 탁 켜진다. 깔끔하게 정리·정돈된 책상 위에서 역시 깔끔하게 정리·정돈된 지갑을 열고 가계부를 적어나가는 것이다. 나는 '집에 돌아오면 서재 의자에 반드시 앉는다'는 습관이 이미 오래전부터 있었기 때문에 그 순간에 '가계부 작성'이라는 새로운 습관을 집어넣어 일상화한 것이다.

다른 예를 들자면, 저녁에 샤워하기 전에 가계부를 적겠다거나, 가방 정리를 하는 동시에 가계부를 적겠다고 결심하면 가계부 작성하는 습관을 확실히 일상화할 수 있다.

자신의 일상적인 습관을 돌이켜보고, 하루 중 언제 가계부를 적을지 미리 명확히 정해두자.

첫 달에는 가계부를 꾸준히 작성하는 데만 전념할 것

가계부 적는 방법을 구체적으로 설명하겠다.

처음에는 아무리 쉬워 보이는 일일지라도 자만하거나 무리하지 말고 자신이 소화할 수 있는 양부터 차근차근 해나가야 한다.

따라서 첫 번째 달에는 날마다 지갑의 잔액을 기록하기만 한다. 이것이 가계부를 쓰는 제2단계다. 사용액까지 적어도 상관없지만, 사용

내역은 적지 않도록 한다. 첫 번째 달에는 날마다 빠지지 않고 기록한다는 데 의의를 두고, 사용 내역까지 적겠다는 의욕은 훗날을 위해 잠시 미루어두자. 지갑의 잔액을 기록하는 것만으로도 자신이 그날 얼마나 돈을 사용했는지 파악할 수 있다.

가계부는 어차피 앞으로 살아가면서 몇십 년 동안 적어야만 하는 것이다. 몇십 년 가운데 단 한 달의 준비 기간이 주어진 것이다. 따라서 너무 조급해할 필요가 없다. 가계부 기록 19년 차인 사람(필자)이 자신 있게 하는 말이니 믿어도 된다.

두 번째 달에는 지출할 때마다 영수증을 챙기고, 영수증을 챙기지 못할 때는 휴대전화에 사용 금액을 입력하는 습관을 들인다.

물건을 사고 돈을 내면 반드시 영수증을 받는 습관을 들인다. 때로는 가게에서 영수증 발급하는 일을 잊어버리기도 한다. 그럴 때는 "영수증 주십시오" 하고 적극 요구한다. 이것은 소비자의 당연한 권리이므로 당당히 요구해도 된다. 하지만 다음과 같이 영수증을 받지 못하는 상황도 있다.

- 회식 자리에서 회비를 걷어 음식값을 내는 경우
- 역에서 승차권을 사는 경우
- 자동판매기에서 주스를 사는 경우
- 결혼식 축의금을 내는 경우(돈을 모아 선물을 사는 경우)

- 장례식 부의금을 내는 경우

이럴 때 '머릿속에 기억해두면 된다'라고 생각할지 모르지만, 사람의 기억에는 한계가 있다. 돈을 언제, 어디서 썼는지 나중에 떠올리려고 하면 시간이 걸릴뿐더러 기억도 정확하지 않다. 나중에 떠올리려고 애쓰기보다 지출하는 시점에 어딘가에 기록해두는 편이 훨씬 효과적이다. 따라서 머릿속에 기억해두는 방법은 절대 피해야 한다. 머릿속에 기억해두는 행동은 아무 일도 하지 않는 것과 다름없다. 편하게 하려는 생각은 버려야 한다. 지출을 기록으로 남기지 않으면 돈에 대한 감각이 줄어들고 돈이 모이지 않는다.

영수증을 받지 못한다면 휴대전화에 지출 내역을 기록한다. 그러면 현금 지출의 모든 것을 빠짐없이 파악할 수 있다.

나중에 내역서를 통해 지출 내역을 상세히 알 수 있는 신용카드를 사용하면 편리하다고 생각하는 사람도 있을 것이다. 그러나 절약을 결심한 사람에게는 기본적으로 신용카드 사용을 추천하지 않는다. 하지만 어쩔 수 없이 신용카드를 사용한 경우에도 그 카드를 사용한 순간, 휴대전화에 기록하는 것이 원칙이다. 중요한 것은 돈을 얼마나 썼는지 파악하는 일이다.

확인이 끝난 영수증은 버려라

집에 돌아오면 영수증과 휴대전화 기록을 토대로 가계부를 작성한다. 지갑의 잔액을 기록한 후, 영수증을 모두 꺼내 하나씩 살펴보며 무엇에 돈을 썼는지 확인한다. 휴대전화의 입력 내용도 확인한다. 요컨대 현금 지출 기록이 모두 남아 있는지 확인하는 것이다.

그날의 지출에 관한 영수증과 기록이 모두 남아 있으면 '◎' 표시를, 일부 지출에 관한 영수증이나 기록이 빠져 있으면 '○' 표시를 가계부에 적는다.

평가는 '◎'와 '○'만으로 한다. '×'는 자신감과 의욕을 잃게 하므로 사용하지 않는다.

확인이 끝난 영수증은 전부 버린다. '어차피 슬쩍 보기만 하고 버릴 영수증을 애초에 왜 모으는가?' 하고 의문을 품는 사람도 있을 것이다. 그런데 여기서 중요한 것은 지출 기록을 남기는 습관을 들이는 일이다. 그리고 매일 지출 내용을 눈으로 확인하는 습관도 들여야 한다. 이것을 한 달 동안 지속하면 지출에 대한 감각이 길러진다.

가계부는 매일 꾸준히 쓰는 데 중점을 두어야 한다. 영수증 받는 것을 잊어버려도 상관없다. 어쨌든 매일 가계부에 기록하고 그날 모은 영수증을 확인한 후 버리는 데 전념한다.

두 번째 달에 해야 할 일을 정리하면 다음과 같다.

① 영수증을 받는다(받지 못할 때는 휴대전화나 애플리케이션에 지출 내역을 입력한다).

② 저녁에 영수증을 확인한다(휴대전화나 애플리케이션의 입력 내용도 확인한다).

③ 가계부에 'O'나 '◎' 표시를 하고, 지갑 잔액을 기록한다.

④ 영수증을 전부 버린다(휴대전화나 애플리케이션에 입력한 내용도 삭제한다).

이런 사이클을 매일 습관화한다. 영수증이 있으니 이왕이면 지출 금액까지 적고 싶겠지만, 아직 그럴 단계는 아니다. 스스로 난관을 높일 필요는 없다.

가계부 적는 일을 중도에 포기하는 이유는 처음부터 너무 완벽을 추구하기 때문이다. 끈기 있게 가계부를 작성할 수 있는 비결은 어떤 형태로든지 가계부를 날마다 빠뜨리지 않고 적는 데 있다. 이런 사이클이 습관화되어 다음 단계로 넘어가면, 드디어 최종적인 절약 단계로 들어선다. 다음 단계로 가기 위해서라도 처음에는 간단한 방법으로 습관화하는 것이 필요하다.

● 가계부 적는 법

첫 번째 달

	잔금
1월 1일	12,345원
1월 2일	11,240원
.	
.	
.	
1월 31일	18,650원

두 번째 달

	영수증	잔금
2월 1일	◎	15,650원
2월 2일	○	112,350원
2월 3일	◎	111,550원
.		
.		
.		

◎ : 모든 지출에 관한 영수증이나 기록이 있다.
○ : 일부 지출에 관한 영수증이나 기록이 있다.

Part 3
당신의 지갑에서 돈이 새고 있다

143

6장

가계부 **비용 명세**는
크게 나누는 것이 **원칙**

●

비용 명세의 범위가 넓어야 편리하다

세 번째 달부터는 지출액을 적절한 비용 명세로 나누어 기록한다(제
4단계). 드디어 가계부다운 가계부를 적는 시기다. 세 번째 달에는 약간
의 가계부 지식이 필요하다. 여기서 핵심은 '비용 명세'다. 비용 명세란
지출 내용에 따라 나눈 항목을 뜻한다.

예를 들어 '쌀 3000엔, 주스 150엔, 설탕 150엔'을 사용했다면, 이
를 가계부에 그대로 적지 않고 '식비 3300엔' 혹은 '음식 재료 3300엔'
이라고 적는다. 먹는 것은 모두 '식비'나 '음식 재료'라고 정리하는 것이
다. 비용 명세에는 그 외에도 '수도광열비(전기, 수도, 가스 등의 비용), 교

통비(주유비, 대중교통비 등)' 같은 것이 있다.

가계부는 비용 명세를 적절히 나눔으로써 간편하게 적을 수 있다. 그런데 각 비용 명세의 범위가 너무 넓으면 정리하기는 간편하지만 지출의 경향을 알기 힘들다. 반대로 너무 세세하게 나누면 정리하기가 어려운 데다 역시 지출의 경향을 알기 어렵다.

'식비'는 범위가 어느 정도 넓은 비용 명세다. 이를 세분화하면 '음식 재료', '외식', '음료', '기호품' 등으로 나눌 수 있다. 더욱 세분화한다면 '외식'을 '가족과의 외식', '혼자만의 외식', '배우자와의 외식' 등으로도 나눌 수 있다.

처음에는 익숙해지기 위해 넓은 범위로 정리한 비용 명세를 사용하는 것이 원칙이다. 146쪽 '비용 명세의 일반적인 항목'을 참고하기 바란다.

이때 비용 명세는 지출이 적으면 넓은 범위로 나누고, 지출이 많으면 세분화한다. 낭비되는 지출의 경향을 파악하는 것이 목적이기 때문에, 매달 거의 지출하지 않는 비용 명세를 굳이 설정할 필요는 없다. 반대로 너무 넓은 범위로 나누면 비용 명세의 금액도 지나치게 커지기 때문에 적절하게 세분화해야 한다.

어떻게 나누는 것이 적절한지는 한 달 정도 해보고 나서 결정하는 편이 좋다. 우선 표준적인 비용 명세로 기록하다가 점점 자신에게 맞는 비용 명세로 바꾸면 된다. 처음에는 초조해하지 말고 착실히 가계

● 비용 명세의 일반적인 항목

수입			
비용 명세	내역	비용 명세	내역
급여	급여	공적 급부금	아동 수당
	잔업 수당		소득세 환급금
	보너스		건강보험 급여
	출장 여비		실업 수당
	각종 수당	잡수입	현상금
투자 수입	이자 소득		수증품
	배당금		기타
	매각 손익		

지출					
비용 명세	내역	비용 명세	내역	비용 명세	내역
식비	음식 재료, 조미료	교통비	기름값	수도광열비	전기요금
	외식		주차 요금		가스요금
	음료		유료도로		상하수도 요금
	술, 담배, 영양제		자동차보험		등유
교육비	학비	보험료	생명보험	통신비	인터넷
	학원·과외비		손해보험		휴대전화
	학용품		사회보험료		전화
업무 경비	자기 부담 경비	사회보험료	건강보험료		배송료
	체당 경비		연금보험료	의류비	의류
	부업 관련 경비		고용보험료		세탁
도서비	신문	세금	주민세		액세서리
	책		소득세		콘택트렌즈, 안경
오락비	오락 서비스		자동차세		화장품
	오락용품		고정자산세		미용실
교제비	관혼상제비		인지대	의료비	의약품
	만남비	주거비	집세		치료비
	선물비		가구·가전	잡비	용돈
교통비	공공 교통기관		소모품		은행 수수료
	자동차 유지비		수선비		지불 수수료
					기타

● 표준적인 가계 지출액

| | 세대 인원별 표준 생계비(2011년 4월) | | | | |

(전국) (단위: 엔)

	1인 가구	2인 가구	3인 가구	4인 가구	5인 가구
식료품비	25,250	32,730	43,540	54,360	65,170
주거 관련비	51,870	57,250	51,360	45,480	39,590
피복비	4,010	5,430	7,270	9,120	10,960
잡비 1 (보험, 의료, 교통, 통신, 교육, 교양, 오락)	26,590	44,620	62,690	80,750	98,810
잡비 2 (용돈, 교제비, 송금비, 각종 생활비)	9,670	29,310	32,070	34,810	37,560
합계	117,390	169,340	196,930	224,520	252,090

출처: 2011년 일본 인사원 권고

한국노총에서 발표한 표준 생계비(2013년)

(단위: 원)

구분	단신 남성	단신 여성	단신 가구	2인 가구	3인 가구	4인 가구
식료품	421,426	370,988	396,239	861,403	1,052,230	1,390,590
주거비	396,133	396,133	396,133	488,622	644,882	798,811
광열수도비	94,951	94,951	94,951	111,651	129,945	160,241
가구·가사용품비	74,379	76,777	75,578	124,098	135,792	154,337
피복신발비	71,415	101,951	86,683	172,474	200,150	237,660
보건위생비	95,268	126,720	110,994	196,840	248,750	303,027
교육비	54,269	54,269	54,269	54,269	355,410	514,951
교통통신비	168,056	168,056	168,056	549,408	590,705	681,510
교양오락잡비	349,629	314,754	332,192	369,754	418,161	425,315
조세공과금	167,530	174,117	175,346	342,721	473,755	604,417
합계	1,893,056	1,878,716	1,890,441	3,271,240	4,249,780	5,270,859

* 위 표는 한국노총에서 발표한 우리나라의 표준적인 가계 지출액이다.-옮긴이

부를 적는 데 집중한다.

147쪽의 표는 표준적인 가계의 지출액을 세대 인원별로 정리한 것이다. 여러분의 한 달 지출과 비교해보기 바란다(우리나라의 표준 생계비에 대한 자료는 위의 표와 같다-옮긴이).

가계부 작성의 힘 1: 돈에 대한 의식이 높아진다

그런데 가계부는 날마다 빠짐없이 계속 적어야 할까? 가계부의 목적이 '낭비되는 요소를 찾아내는' 데 있기 때문에, 1년에 한 달 동안만 적고 지출의 경향만 파악하면 나머지 기간에는 적지 않아도 되지 않을까?

사실 날마다 가계부를 적는 일은 성가시다. 날마다 가계부를 빠짐없이 적는다고 해서 꼭 필요한 물건을 덜 살 수는 없는 노릇이므로 지출이 큰 폭으로 줄어들지도 않는다.

하지만 나는 이러한 '단기 집중형 가계부' 방식을 채택한 적이 없다. 가계부는 날마다 빠짐없이 적을 때 비로소 의미가 생긴다고 생각하기 때문이다.

가계부의 가장 큰 효과는 '돈과 매일 마주함으로써 돈에 대한 의식을 높인다'는 것이다. 나는 가계부를 토대로 얼마나 수입을 늘릴지, 어떻게 자산을 활용할지, 지출을 어떻게 줄일지를 고민해왔다. '돈에 대한 감각을 높이는 일'이 가계부의 진정한 의미이자 효과인 셈이다.

취직, 이직, 결혼, 출산 등 인생의 각 단계마다 지출 경향이 바뀔 수 있다. 이처럼 갑작스럽게 바뀌는 지출 경향을 파악하기 위해서는 가계부를 끊임없이 적어야 한다.

가계부를 오랫동안 적다보면 자기 나름대로 요령도 생긴다. 가계부는 앞으로 몇십 년 동안 꾸준히 적어야 한다. 처음부터 너무 초조해하지 말고 지갑의 잔액을 기록하는 일부터 착실히 시작해보자.

가계부 작성의 힘 2: 금전 감각이 생긴다

이번 장을 마무리하면서 내가 가계부를 어떻게 적어왔는지 소개하겠다.

나는 대학교에 입학하면서부터 집에서 따로 나와 혼자 살기 시작했다. 그즈음에는 아르바이트하면서 생활비를 버는 것보다 취주악단에서 악기를 연주하며 친구들과 노는 일이 더 중요했다. 학자금은 무이자로 대출받았는데, '취직해서 갚으면 되지' 하는 안일한 생각을 하고 있었다.

어느 날 대출받는 학자금의 총액을 계산해보니 약 350만 엔이었다. 대학생 처지에서 350만 엔은 너무나 큰돈으로 느껴졌다. '내가 과연 갚을 수 있을까?' 하는 생각에 갑자기 불안해졌다.

350만 엔의 빚이 동기로 작용해서 '절약해야겠다'고 마음먹기에 이르렀다. 이것이 가계부를 적기 시작한 계기였다.

처음에는 공책만 사용했다. 나중에 취직해서 컴퓨터를 산 이후로는 엑셀로 집계하기 시작했다. 손으로 계산하지 않아서 편했지만 분석을 위해 데이터를 입력하는 일은 귀찮았다.

그다음으로는 가계부 소프트웨어를 사용했다. 자산이나 투자 실적을 기록할 수 있고, 데이터를 그래프로 만들거나 은행 명세서를 자동으로 입력할 수 있어서 매우 효율적이었다.

가계부를 적기 시작하면서 가계부가 금전 감각을 기르는 데 좋다는 생각이 들었다. 매일같이 돈과 직접 마주하기 때문에 금전 감각이 생기는 것은 어찌 보면 당연한 일이다. 가계부를 찬찬히 분석하다보면 수치에 강해지고, 돈을 어떻게 사용할지 혹은 어떻게 투자할지 고민하게 된다. 또한, 돈 관리에 흥미가 생겨서 부기 자격증을 취득하고 싶은 마음마저 생길 정도다.

지금 나는 기업 회계 소프트웨어를 사용한다. 단순한 가계부를 작성하기보다 기업 회계와 똑같이 대차대조표와 손익계산서까지 작성한다. 그 덕분에 세금 확정 신고하는 일이 부쩍 편해졌다.

나는 지금까지 20년이란 긴 세월 동안 가계부를 끊임없이 업그레이드해왔다. 이처럼 가계부를 적기 위해서는 장기간의 관점을 지니고 차근차근 공을 들여야 한다. 어쩌면 한 달마다 한 단계씩 밟아나가는 방법은 약간 성급할 수도 있다. 한 단계에 익숙해질 때까지 몇 달을 투자하는 것도 괜찮다.

중요한 점은 초조해하지 말고 천천히 가계부 쓰는 습관을 잡아나가는 데 있다. 자신의 페이스에 맞춰서 서두르지 말고 느긋하게 실천해나가자!

Part 4

돈을 부르는 기적의 정리·정돈 2단계

책상 위는
성스러운 장소다

방이 아무리 어질러져 있어도 책상 위만큼은 항상 깔끔하게 유지해야 한다.
그 효과는 정리·정돈의 차원에 그치지 않고,
저축액을 늘리고 꿈을 실현하는 데까지 영향을 미친다.

1장

책상은 인생을 풍요롭게 만드는 킬러아이템

오랜 시간 집중할 수 있는 환경이 필요하다

나는 정리·정돈을 할 때 책상을 중요하게 여긴다. 책상이 있으면 교과서, 공책, 필기구를 펼쳐놓고 효율적으로 공부할 수 있다. 일할 때도 책상 위에 컴퓨터를 두고 기획서 혹은 자료를 작성하거나 이메일을 주고받을 수 있다. 이처럼 책상이 없다면 공부나 일을 효율적으로 할 수 없다.

즉, 우리는 책상 덕분에 오랜 시간 집중해서 공부나 일을 할 수 있다. 학생 시절에는 모든 사람이 공부하기 위한 책상을 하나씩 가지고 있었다. 그러나 사회인이 되면서 책상을 버리는 사람이 많은 것 같다.

이는 정말 안타까운 일이다!

사회인이 되어도 집에 책상과 의자를 두고 집중할 수 있는 환경을 만들어야 한다. 나는 어렸을 때 처음으로 내 방이 생긴 이후로 줄곧 나만의 책상과 의자를 갖고 있다. 이것은 혼자 살 때나 결혼해서 아이를 낳은 지금이나 마찬가지다. 나에게 책상은 절대로 포기할 수 없는 소중한 도구다.

학생 시절에는 주로 시험공부를 하거나 리포트를 쓰는 데 책상을 이용했다. 사회인이 되고 나서는 자격증 공부나 투자 관련 공부를 하는 데 이용했다.

사회인이 되고 나서 처음에는 기숙사 생활을 했다. 그때 기숙사 방 한가운데 책상을 놓고 생활의 중심 도구로 활용했다. 방 한가운데 책상을 두었더니 공부를 위한 환경이 강제적으로 만들어져서 지금까지 25개의 자격증을 취득하는 데 큰 도움이 되었다.

책상 정리로 얻을 수 있는 3가지 효과

'정리·정돈을 해서 돈을 모으자'고 주장하는 사람이 '책상을 버리라!'고 말하지 않고 반대로 '책상을 가지라!'고 주장하니 의아한 생각이 들 수도 있겠다. 하지만 책상은 인생에 일석삼조의 효과를 가져다주는 고마운 도구이므로 반드시 있어야 한다. 책상으로 얻을 수 있는 효과로는 다음 3가지가 있다.

첫째, 책상 위를 정리·정돈하는 일은 방 안의 정리·정돈으로 이어진다. 책상은 늘 정리·정돈되어 있어야 하는 '성지'다. 일단 '성지'인 책상 위를 깔끔히 정리·정돈하고 나면 책상 위를 기점으로 마치 땅따먹기 하듯이 방 안의 물건이나 장소를 차례대로 정리·정돈하며 방 안을 '점령'해나갈 수 있다.

둘째, 가계부를 꾸준히 적을 수 있는 환경이 만들어진다. 가계부는 돈을 모으는 데 빼놓을 수 없는 도구다. 그러나 가계부를 적는 일은 지루하고 성가시기 때문에 꾸준히 적는 사람이 매우 드물다. 하지만 깨끗이 정리·정돈된 책상 위에서는 가계부를 꾸준히 적을 수 있는 환경이 만들어진다. 깔끔한 책상 위에 가계부를 늘 보이게 놓아두면, 집에 돌아오자마자 곧바로 가계부를 적을 수 있는 상태가 된다.

셋째, 꿈을 실현할 수 있는 작업 공간이 된다. 정리·정돈을 하다가 하고 싶은 일을 발견했을 때 그 첫걸음을 내디딜 수 있도록 도와주는 것이 바로 책상이다.

정리·정돈은 기본적으로 물건을 버리는 일이다. 버릴 물건이 무엇이고 남길 물건이 무엇인지 판단하기 위해서는 물건과 일일이 대화를 나누어야 한다. 그것은 곧 자신의 과거와 대화하는 일이다. '내가 왜

이 물건을 샀을까?' 하고 생각하는 과정에서 도저히 버릴 수 없는 물건이 나오거나 도저히 버릴 수 없는 꿈을 발견하게 된다. 나에게는 앞에서도 이야기했듯이, 트롬본이 도저히 버릴 수 없는 꿈이었다.

"쇠는 뜨거울 때 두드려라"라는 말이 있다. 하고 싶은 일이 생기면 그 열정이 식기 전에 시도해야 한다. 그렇게 꿈을 향한 첫걸음을 내디딜 수 있도록 하는 장소가 바로 책상이다. 아무것도 하지 않는 것과 첫걸음이나마 내딛는 것은 하늘과 땅 차이이다.

이처럼 책상은 '정리·정돈의 성지', '가계부를 적을 수 있는 환경', '꿈을 실현하는 작업 공간'이라는 3가지 역할을 수행한다.

책상이 있는 사람은 지금 당장 정리·정돈을 시작하자. 책상이 없는 사람은 얼른 하나 갖추기 바란다. 혹은 정리·정돈의 중간 목표를 스스로 정한 후 그 목표를 이루고 나서 자신에게 주는 상으로서 새 책상을 하나 사는 방법도 좋겠다.

어떤 책상을 사야 할까

방에 학습용 책상이 없어도 거실에 탁자를 둔 사람은 많을 것이다. 책상이 없는 사람은 임시방편으로 거실 탁자를 책상처럼 사용하는 것

아들과 나란히 앉아 작업할 수 있을 정도로 넓다.

도 좋다. 하지만 거실은 일반적으로 텔레비전 소리로 시끄럽다. 그리고 거실 탁자는 가족이 공동으로 사용하기 때문에 오랜 시간 집중할 수 있는 환경을 만들기 어렵다.

나는 초등학교 입학식 때 할머니가 사주신 학습용 책상을 28년 동안 사용했다. 쓸모없는 물건이나 사용하지 않는 물건은 주저하지 않고 버려야 하지만 사용하는 물건이라면 망가질 때까지 사용하는 것이 절약의 기본이다.

28년 동안 애용한 학습용 책상은 아들이 초등학생이 된 것을 계기로 아들과 함께 쓸 수 있는 기다란 책상으로 바꾸었다. 폭도 넓어서 데스크톱 컴퓨터를 두어도 작업 공간을 충분히 확보할 수 있다. 나는 이처럼 넉넉한 책상에서 아들과 나란히 앉아 공부하거나 일한다.

책상을 새로 살 때는 넉넉한 사이즈를 고르는 것이 좋다. 이때 책상이 방 안에 들어갈 수 있을지, 방 공간을 너무 차지하지는 않을지 잘 살펴봐야 한다.

2장.

책상은 성지(聖地),
무조건 정리·정돈하라

●

무슨 일이 있어도 '성지'를 사수하라

책상 주변을 '정리·정돈의 성지'로 삼아서 가장 안락하고 깨끗한 공간으로 만들어야 한다. 여기서 책상은 어디까지나 집에 있는 책상을 말한다. 책상 위는 '정리·정돈의 성지'이므로, 이곳만큼은 늘 완벽히 정리·정돈된 상태를 유지한다.

깨진 유리창 이론(Broken Windows Theory)을 아는가? 깨진 유리창 이론이란 미국의 전(前) 뉴욕 시장인 루돌프 줄리아니(Rudolph Giuliani)가 시장 재임 중에 범죄 감소를 위해 이용한 이론으로 유명하다. 이 이론의 논리는 다음과 같다.

① 건물 유리창이 깨지고 벽에 낙서가 된 상태가 방치된다.

② 아무도 관리하지 않는 건물로 보이기 때문에 그 주변에서 범죄가 일어나기 쉬워진다.

③ 건물 주변에 쓰레기를 버리는 경미한 범죄가 일어난다.

④ 주민에게 도덕적 해이가 일어나 그 건물 주변에서는 무엇을 하든 상관없다는 분위기가 형성된다.

⑤ 환경이 더욱 나빠져 흉악 범죄를 비롯한 여러 가지 범죄가 발생한다.

깨진 유리창 이론은 '유리창을 깨거나 벽에 낙서하는 경미한 범죄를 방치하면 흉악 범죄가 증가한다'는 이론이다. '이미 유리창 하나가 깨졌으니, 또 하나 깬다고 크게 달라질 건 없다'고 생각하는 것이 사람의 심리다. 따라서 낙서, 쓰레기 무단 투기 같은 가벼운 범죄부터 철저히 단속해야 흉악 범죄를 억제할 수 있다는 논리가 된다.

정리·정돈도 마찬가지다. '이미 어질러져 있으니 좀 더 어질러도 상관없다'고 생각하기 마련이다. 그래서 한번 어질러지면 점점 그 정도가 심해지는 것이다. 책상도 한번 어질러지면 점점 쓸모없는 물건들이 쌓여서 '정리·정돈의 성지' 역할을 더는 수행할 수 없게 된다. 성지를 잃어버리면 다른 장소도 금방 지저분해질 것은 불 보듯 뻔하다.

'책상 위는 무슨 일이 있어도 깔끔한 상태를 유지한다'는 각오로 정리·정돈에 임해야 한다.

가장 먼저 책상 위를 치우라

책상 위는 기본적으로 작업하는 장소이기 때문에 공간을 넓게 확보하는 것이 이상적이다. 구체적인 정리·정돈의 핵심은 책상 위에서 날마다 행하는 작업을 정하고 그 작업에 사용하는 물건만 책상 위에 두는 것이다. '사용하는 물건과 사용하지 않는 물건'이라는 판단 기준만으로 정리·정돈하면 되는 셈이다.

돈과 관련된 작업은 가계부 작성과 우편물 확인 정도다. 가계부 작성에 필요한 물건은 필기구이고, 우편물 확인에 필요한 물건은 커터이다. 그러므로 필기구와 커터를 책상 위의 필통에 꽂아두면 된다.

공간을 낭비하지 않도록 물건은 기본적으로 세워두는 것이 원칙이다. 문구는 서랍 안에 두어도 되지만, '서랍 열기 → 문구 꺼내기 → 문구 사용하기'라는 과정을 생략하려면 매일 사용하는 문구류는 필통에 꽂아두는 것이 좋다. 그 외에 책상 위에 둘 수 있는 것은 조명 스탠드와 시계다.

날마다 행하는 작업에서 필요한 물건만 책상 위에 두면 충분한 작업 공간을 확보할 수 있다. 가계부는 매일 적는 습관을 들이기까지 책상 위에 놓아두고 바로 적을 수 있는 상태를 유지하는 것이 좋다.

한 달에 한두 번 사용하는 물건은 책상 서랍 등 별도의 장소에 두면 된다.

돈과 관련된 우편물은 매일 확인해야 한다. 우편함은 항상 확인하고 비워두는 것이 올바른 관리 방법이다. 앞에서 설명했듯이, 내 경험상 금전 감각이 떨어지는 사람은 우편함에 우편물이나 전단이 잔뜩 쌓여 있다.

우편물에는 신용카드 내역서, 세금 청구서, 은행 계좌 안내서 등이 있다. 청구서를 방치하면 연체료가 붙을 뿐만 아니라 금융권 블랙리스트에 오를 수도 있다. 연체한 서비스가 중단될 우려도 있다. 전기, 수도, 가스 같은 생활과 밀접한 관련이 있는 서비스가 중단되면 회복하는 데 시간과 노력이 필요하다. 따라서 돈을 모으려면 우편함을 항상 확인하고 비워두는 것이 철칙이다.

문구류 정리·정돈법

책상을 정리·정돈할 때는 문구류에 신경 써야 한다. 책상 위를 정리·정돈하면서 서랍 안의 문구류도 함께 정리·정돈하면 '정리·정돈의 성지'를 완벽히 지킬 수 있다.

처음에 문구류를 정리·정돈할 때는 집 안에 있는 모든 문구를 모아 버릴지 말지 판단해야 한다. 수납공간에서 모든 문구를 꺼내보자. 혹시 거실, 침실, 현관에 굴러다니는 문구는 없는가?

문구를 모두 모았다면, '그 장소에서 정말 그 문구를 사용하는지' 고민한다. 예를 들어 가끔 오는 택배를 받으며 사인하기 위해 현관에 꼭 볼펜을 둘 필요가 있을까? 매일 택배를 받는다면 현관에 볼펜을 놓아두어도 괜찮다. 하지만 그렇지 않다면 현관에 놓인 볼펜은 마음을 심란하게 만들 뿐이다. 이럴 때는 볼펜이 있어야 할 제자리를 다시 찾아주는 것이 좋다.

문구류를 정리·정돈할 때의 핵심은 같은 기능의 문구를 하나로 정리하는 것이다. 연필과 샤프펜슬이 한 자루씩 있다면 어느 하나를 없애고 나머지 하나만 놓아두면 충분하다. 예전에는 사용했지만 지금은 사용하지 않는 문구류는 과감히 버린다. 각도기, 컴퍼스, 연필깎이처럼 학생일 때는 필요했지만 사회인이 되고 나서는 더 이상 사용하지 않는 문구는 없는가?

문구류는 책상 서랍에 보관하는 경우가 가장 많을 것이다. 당장에 사용하지는 않더라도 언젠가 사용할 수 있는 문구(샤프심, 볼펜, 클립, 압정 등)는 남겨두어도 좋지만 너무 많이 보관할 필요는 없다. 적당한 양만 남기고 나머지는 버리도록 한다.

이어서, 문구를 꺼내기 쉽게 수납하는 방법을 알아보자. 클립, 지우개 같은 자그마한 문구류는 명함 상자가 딱 맞는 크기의 수납공간이다.

나는 휴대용 하드디스크나 디지털카메라처럼 자주 사용하는 작은 크기의 전자제품은 물건 크기대로 자른 스펀지에 고정해 수납한다(아래 그림 참조). 이 방법은 물건의 제자리를 지정할 수 있어서 좋다. 그 물건을 사용했다가도 꼭 제자리에 두게 되고, 다른 물건이 섞여들지 않기 때문에 추천할 만한 방법이다.

● 서랍 속 작은 물건을 스펀지로 고정한다

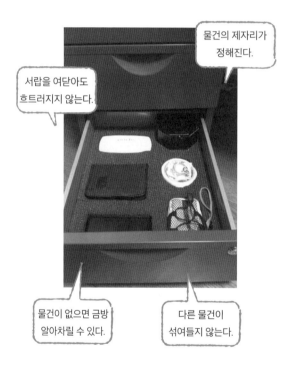

서류 정리·정돈법

문구류 이상으로 정리·정돈하기 까다롭고 어질러지기 쉬운 것이 바로 서류다.

서류를 정리·정돈할 때의 핵심은 필요한 서류를 분명히 정하고, 그 외의 서류는 전부 버리는 것이다. 서류를 리스트로 만들면 어떤 서류를 버리고 어떤 서류를 남겨야 할지 쉽게 알 수 있다. 사실상 집에 보관해야만 하는 서류는 그다지 많지 않다. 각종 계약서, 증권, 증서 등은 버리면 안 되는 서류다. 이런 서류는 책장 한곳에 정리해서 보관한다.

나는 플라스틱 케이스에 자주 사용하는 서류를 넣고, 그 외의 서류는 주황색 등 눈에 띄는 태그를 붙여 대분류를 한다. 그리고 안 쓰는 봉투에 서류를 넣어서 더욱 세분화한다(167쪽 그림 참조).

사람에 따라서 서류 정돈 방법이 다를 수 있겠지만, 공통된 원칙은 '어디에 어떤 서류가 있는지 금방 알 수 있도록 두는 것'이다.

서류를 정리하면 새고 있는 고정비가 보인다

각종 서류 중에는 절약의 실마리가 될 수 있는 것들이 있다. 매달 혹

● 필요한 서류만 남긴다

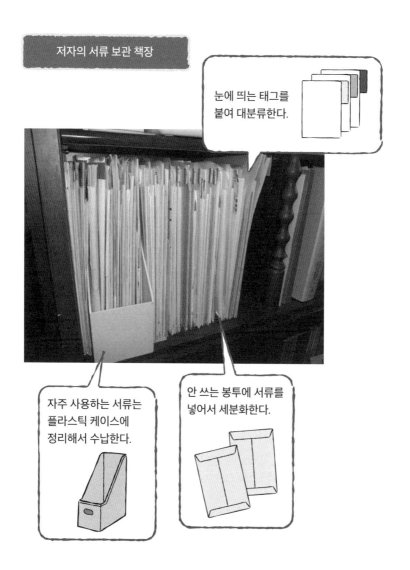

저자의 서류 보관 책장

눈에 띄는 태그를
붙여 대분류한다.

자주 사용하는 서류는
플라스틱 케이스에
정리해서 수납한다.

안 쓰는 봉투에 서류를
넣어서 세분화한다.

은 매년 거의 일정액을 지출하는 고정비(집세, 보험료, 전화요금, 자동차 유지비)를 줄여야만 돈을 모으는 데 효과적인데, 고정비를 줄이려면 고정비 관련 서류를 체크해야 한다.

고정비 관련 서류를 재검토하는 데는 시간이 오래 걸리지만 한번 정리·정돈해두면 고정비를 줄이는 실마리가 되는 서류를 쉽게 발견할 수 있다. 예를 들어, 다음과 같은 서류는 고정비 절감으로 이어질 수 있다.

- 임대차 계약서: 계약일이 언제인지 알 수 있고 시세보다 집세가 비싼지 싼지 알 수 있다. 이로써 다음 계약을 할 때 협상의 여지를 찾아낼 수 있다.
- 자동차보험, 생명보험, 건강보험 등의 보험 계약서: 정말 필요한 보험인지, 내용이 방만하지 않은지, 똑같은 보장을 받는 다른 보험이 있는지 확인할 수 있다.
- 휴대전화의 통화 명세서: 휴대전화 사용 이력을 보고 좀 더 값싼 요금제는 없는지 검토한 후 다른 통신사나 다른 요금제로 변경할 수 있다.

고정비를 절약할 때는 다음 세 가지를 순서대로 고민해야 한다.

① 없앨 수 있는가?

② 줄일 수 있는가?

③ 바꿀 수 있는가?

위의 세 가지 질문은 고정비뿐만 아니라 다른 지출을 절약하고 싶을 때도 우선하여 고려할 만하다. 위 세 가지 질문을 항상 염두에 두면 평소의 절약 정신도 높아진다.

이처럼 고정비 관련 서류를 정리·정돈하면 절약의 기회를 거머쥘 수 있으므로 망설일 필요가 없다! '이건 좀 비싼데' 하고 생각되는 고정비는 곧바로 재검토에 들어가야 한다.

3장

서류와 CD는 컴퓨터에

●

절약에 컴퓨터 활용 능력은 필수

돈을 모으는 데 필요한 최강의 파트너를 소개하겠다. 그것은 바로 컴퓨터와 인터넷(이하, '컴퓨터'로 칭함)이다. 컴퓨터는 정리·정돈, 절약, 투자 등의 방법으로 돈을 모으는 데 필수적인 도구다. 컴퓨터 활용 능력을 키울수록 저축액을 늘릴 수 있다고 해도 과언이 아니다.

컴퓨터를 활용해서 저축액을 늘리는 방법을 간단히 설명하겠다.

저축액을 늘리는 과정의 여러 상황에서 컴퓨터가 큰 활약을 한다. 컴퓨터로 전자화·정보 수집·분석을 할 수 있고, 온라인 서비스까지 이용할 수 있기 때문이다.

우선 책, CD(콤팩트디스크), 카메라 영상을 컴퓨터에 보관함으로써 (전자화) 물건을 줄일 수 있다.

낭비되는 돈을 찾아내기 위해서는 가계부가 필수인데 엑셀이나 가계부 소프트웨어를 사용하면 '무엇을 구입하는 데 얼마를 사용했는지'를 효율적으로 집계·분석할 수 있다. 인터넷을 활용하면 다른 사람의 가계부와 비교할 수 있을 뿐만 아니라 다양한 절약 정보를 무료로 수집할 수 있다.

또한 가격이 싼 매장을 검색함으로써 비싼 돈 들이지 않고 가전제품 등의 물건을 살 수 있다. 인터넷 쇼핑을 이용하면 무료로 물건을 받아볼 수도 있으므로 교통비도 절약된다.

게다가 수수료를 줄일 수 있고, 은행에 따라 금리 혜택을 볼 수도 있다. 덧붙여 인터넷 증권사 중에는 무료로 계좌를 개설할 수 있는 곳도 있다. 또한 각종 투자를 할 때 수수료를 절약할 수 있다.

컴퓨터 케이블과 하드디스크를 정리·정돈하라

컴퓨터는 '크기가 크고', '사용 빈도가 높고', '여러 가지 케이블이 어지럽게 얽혀 있다'는 특징을 지닌다. 컴퓨터는 대부분 책상 주변에 설치하므로, 책상을 정리·정돈하기 전에 우선 컴퓨터 자체를 정리·정돈하자.

컴퓨터를 사용할 때나 방 안을 청소할 때 항상 걸리적거리는 것이 케이블이다. 컴퓨터의 케이블은 두 가지 방법으로 처리한다.

첫째, 없앤다. 무선 랜을 활용하면 '컴퓨터와 모뎀', '컴퓨터와 프린터', '컴퓨터와 외장 하드디스크'를 연결하는 케이블을 없앨 수 있다. 또한, 디지털카메라의 데이터를 컴퓨터에 자동으로 저장하는 기능도 활용할 수 있다. 그리고 블루투스나 무선 USB를 활용하면 '컴퓨터와 키보드', '컴퓨터와 마우스' 등 컴퓨터와 주변 기기를 연결하는 케이블도 없앨 수 있다. 이를 '와이어리스(wireless)'라고도 한다.

둘째, 묶는다. 전원 케이블, 모니터 케이블 등 없앨 수 없는 케이블은 깔끔하게 묶는다. 케이블이 어지럽게 얽혀 있으면 보기도 싫고 사용하기도 불편하다. 케이블을 묶는 도구로는 매직 케이블이나 케이블 타이를 추천한다.

하드디스크의 내용을 정리·정돈하는 것도 중요하다. 데스크톱 컴퓨터에 대량의 파일이나 프로그램을 설치하면 안 된다. 쓸데없는 파일이 너무 많으면 꼭 필요한 파일을 찾아내는 데 시간이 오래 걸릴 뿐 아니라 부팅 시간도 오래 걸리기 때문이다. 책상 위에 자주 사용하는 물건만 두는 것과 마찬가지로 데스크톱 컴퓨터에는 자주 사용하는 파일만 보관해두는 것이 좋다.

서류는 가능한 한 전자화

전자 기기를 활용한 새로운 방식의 정리·정돈 기술이 있다. 그것은 바로 컴퓨터를 활용한 전자화다. 즉, 데이터를 컴퓨터에 저장하는 방법이다. 컴퓨터는 방을 깔끔하게 만드는 정리·정돈 도구인 셈이다.

컴퓨터의 용량이 대폭 늘어나고 주변 기기의 성능이 좋아진 덕분에 실용적인 전자화가 가능해졌다. 그 대표적인 예가 서류와 CD다.

서류를 정리·정돈할 때는 꼭 보관해야만 하는 서류, 고정비를 줄이는 데 실마리가 되는 서류, 무슨 일이 있어도 필요한 서류 외에는 모두 버리는 것이 기본이다. 하지만 버려야 할지 말아야 할지 망설여지는 서류도 있을 것이다. 이런 서류는 일단 전자화해서 보관하고, 부피가 큰 원본 종이 서류는 버린다.

이처럼 서류의 전자화란 종이 서류를 컴퓨터에 보관하고 컴퓨터로 열람할 수 있도록 하는 것을 말한다.

요즘 스캐너나 복합기의 성능이 좋아져서 마우스를 몇 번 클릭하기만 하면 서류를 쉽게 전자화할 수 있다. 서류를 PDF 형식으로 보관하면, 전자화한 후에 간단히 열람할 수 있다.

동기화 소프트웨어(슈가싱크, 드롭박스, 에버노트 등)를 설치하면 아이폰 같은 스마트폰에서도 전자화된 서류를 볼 수 있다.

스캐너나 복합기 중에는 자동 전송 기능이 갖춰진 것도 있다. 원고를 세팅하면 많은 서류를 일일이 손으로 바꿔 넣지 않아도 자동으로 스캔해준다.

하지만 소량의 종이 서류는 전자화하지 않고 일시 보관하는 편이 좋을 때도 있고, 대량의 서류를 전자화할 때는 시간과 노력이 많이 들어가기도 한다. 이처럼 서류의 전자화에는 일장일단이 있으므로, 서류를 전자화할지 말아야 할지는 자신의 상황에 따라 판단하도록 한다.

지금은 책도 종이에 인쇄하지 않고 전자책으로 출간하는 시대다. 나는 부피가 크고 무거운 책을 정리·정돈하는 일이 가장 큰 고민인데, 전자책이 더욱 보급된다면 책을 정리·정돈하는 일이 수월해져서 고민도 많이 줄어들 것이다. 신문을 무료로 열람할 수 있는 스마트폰 애플리케이션도 나왔다. 유료로 전자신문을 읽을 수 있는 서비스(일부 기사만 무료)도 보급 중이다. 출판사도 전자책을 더욱 보급하는 데 힘써야 할 것이다.

세련된 라이프 스타일을 위한 음원 전자화

음악 CD는 부피가 크기 때문에 수가 늘어나면 CD 수납장에 정돈할 수밖에 없다. 더는 듣지 않는 CD는 처분하면 되지만 '언젠가' 들을지도 모르는 CD는 도저히 버릴 수 없다(사실 그 '언젠가'는 영원히 오지 않는다).

그래서 부피가 큰 CD는 컴퓨터에 저장하는 것이 좋다. 이때 필요한 것은 아이팟 혹은 아이폰 같은 휴대 음악 플레이어와 무료 소프트웨어인 아이튠즈다. 아이팟은 아시다시피 '1000곡을 내 주머니에'라는 캐치프레이즈로 유명한 음악 재생 기기이다. 아이튠즈를 사용하면 'CD → 컴퓨터 → 아이팟'의 과정을 몇 번의 클릭으로 실현할 수 있을 뿐만 아니라 한 장의 CD를 몇 분 만에 복사할 수 있다. 카세트테이프나 MD(미니디스크)를 더빙할 때처럼 몇십 분이나 걸리는 것이 아니어서 무척 간단하다. 곡 이름도 자동으로 기록되기 때문에 CD가 아무리 많아도 손쉽게 복사할 수 있다.

CD를 아이팟에 복사하면 음질이 떨어질 것을 걱정하는 사람도 있지만, 아이팟의 음질을 CD와 동일한 수준으로 만드는 방법이 있다. 아이튠즈의 초기 설정은 AAC 음원(음성 압축 방식의 하나)이지만 이를 고음질로 다시 설정하면 음질에는 아무 문제가 없다. 참고로 아이튠즈 10.7 버전의 설정 방법을 설명하겠다.

① '편집'–'일반 설정'–'가져오기 설정'을 차례대로 클릭
② '애플 로스리스(Apple Lossless) 인코더'를 선택
③ '오디오 CD를 읽을 때 오류 수정 사용'에 체크하고 '확인' 버튼을 클릭

이렇게 설정하면 CD의 음질을 그대로 느낄 수 있다. 단점은 한 곡당 30~50메가바이트의 용량을 차지한다는 점이다. 1000곡이라면 50기가바이트의 하드디스크 용량이 필요한데, 요즘 컴퓨터에는 별문제 없는 용량이다. 다만 '애플 로스리스 인코더'로 재생이 안 되는 기기도 있으니 주의해야 한다.

자주 듣는 CD는 그대로 남겨둔다. 그리고 1년에 한 번 정도 듣는 CD는 컴퓨터에 저장한 후 중고로 팔면 깔끔하게 정리된다.

나는 음악을 매우 좋아한다. 음악을 들으며 용기를 얻고 스트레스를 해소한다. 그뿐만이 아니다. 음악 덕분에 인생이 더욱 화려해지는 듯한 느낌마저 든다.

집에서 느긋하게 음악을 즐길 시간은 줄어들었지만, 아이팟 덕분에 이동 중이나 출장 중에도 음악을 마음껏 들을 수 있다. CD를 정리·정돈한 덕분에 오히려 더 다양한 음악을 즐길 수 있게 된 셈이다. 정리·정돈 덕택에 생활 방식이 좋은 쪽으로 바뀐 사례다.

오래된 미디어는 버려라

음악 미디어는 기술의 진보에 따라 '카세트테이프 → MD → HD(하드디스크)'의 순으로 변화해왔다. 음악을 즐길 때 카세트테이프로 재생하

● 전자화할 수 있는 물건은 컴퓨터에 보관한다

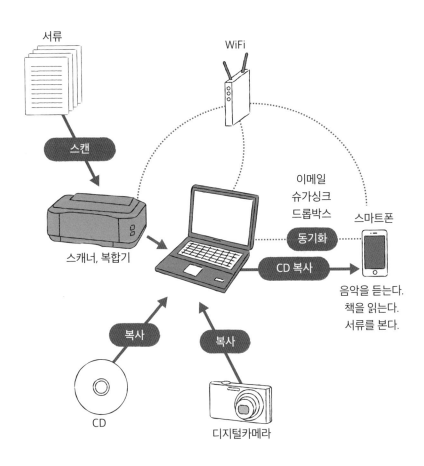

는 것은 시대에 한참 뒤떨어진 일이다.

주변에 재생할 기기가 없다면 카세트테이프는 버릴 수밖에 없다. 나는 이사하면서 젊었을 때 들었던 카세트테이프를 모두 버렸다. 재생이나 복사 수단이 없는 오래된 미디어는 얼른 버려야 한다.

그다음으로 버려야 할 것은 MD다. 'CD → MD'로 복사하던 것이 지금은 'CD → HD'로 바뀌었다(일본에서는 CD를 빌려 MD나 HD에 곡을 복사해서 듣는 것이 일반적이다-옮긴이). 'MD → HD'로 복사하는 것도 가능하지만 그렇게 할 수 있는 기기는 이미 단종되었다. MD를 컴퓨터에 연결해서 특정 소프트웨어를 사용하면 HD로 복사되지만, 작업량을 고려한다면 MD를 그냥 버리는 편이 낫다. 또 듣고 싶은 곡이 있다면 CD를 빌리거나 다시 사면 된다.

영상 미디어는 어떻게 할까? 시판되는 영화나 강의 영상은 저작권 문제로 컴퓨터에 저장할 수 없다. 개인적으로 촬영한 영상은 컴퓨터에 저장할 수 있지만 약간 복잡한 기술이 필요하다. 그래서 영상 미디어는 컴퓨터보다 HDD(하드디스크 드라이브) 리코더를 사용하면 비교적 쉽게 복사할 수 있다.

텔레비전 프로그램을 녹화하는 미디어는 '8밀리미터 비디오→ 미니DV(디지털 비디오) → 메모리카드'로 바뀌고 있다. 비디오테이프는 이미 시대에 뒤떨어진 미디어이기 때문에 하루빨리 최신 미디어로 복사해 두어야 한다. 그리고 비디오테이프와 비디오 데크는 버린다.

블루레이 HDD 리코더가 있다면, 비디오 데크를 연결해서 비디오 테이프를 재생하면서 HDD 리코더에 복사할 수 있다. 미니 DV도 마찬가지로 디지털 비디오카메라와 HDD 리코더를 연결해서 복사한다. HD 안에 녹화한 후에는 블루레이 디스크에 복사하면 HDD 리코더의 용량을 잡아먹지 않는다.

오래된 재생 기기는 망가질 위험이 크므로 하루빨리 다른 미디어로 복사해야 한다. 우리 집의 HDD 리코더도 어느 날 망가져서 HD 안에 녹화된 프로그램이 모두 사라진 적이 있다. 하지만 다행히 어린 시절에 찍은 영상은 블루레이 디스크에 복사해두었기 때문에 보존할 수 있었다. 언제든지 망가질 수 있는 리코더의 HD를 너무 믿어서는 안 된다.

오래된 미디어를 새로운 미디어에 복사하면 마치 다시 태어난 듯 업그레이드된 느낌이 든다. 오래된 미디어를 방치했다가 고장이라도 나면 필요 이상의 돈이 들기 때문에 얼른 대처할 것을 권한다.

모든 복사는 어디까지나 자신이 직접 촬영한 영상을 사용하거나 혹은 사적으로 사용하는 경우에만 가능하다. 저작권법에 저촉되지 않도록 조심해야 한다.

Part 5

돈을 부르는 기적의 정리·정돈 3단계

군더더기 없는
깔끔한 방이 될 때까지!

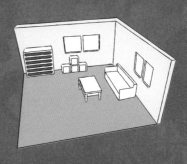

어떤 물건을 버리고, 어떤 물건을 어떻게 배치할 것인지는
정리·정돈을 할 때 피할 수 없는 중요 판단 요소다.
여기에서는 의류와 생활용품을 정리·정돈하기 위한
기본 개념과 노하우를 소개한다.

1장

정리·정돈의
시작은 '버리기'부터

●

정리·정돈에도 순서가 있다

물건이 많은 상태에서 수납이나 청소를 하면 효율성이 생기지 않는다. 그래서 정리·정돈을 할 때는 가장 먼저 '버리기'부터 시작해야 한다.

우선 물건의 양부터 줄여서 여러분에게 달라붙어 있는 '물건'이라는 인생의 묵은 때를 벗겨내야 한다. '물건을 버린다는 것'은 정확히 말하면 '물건과 하나하나 마주한다'는 뜻이다.

물건과 마주해서 내리는 결론은 '버린다' 혹은 '남긴다'이다. 남길 물건은 실제로 사용하는 물건, 정말 필요한 물건, 손에서 한시도 놓을 수 없을 만큼 좋아하는 물건이다.

물건을 잘 버리지 못하는 사람이 많아서 "버려라!"를 강조하지만, 사실 버리지 않고 남기는 물건에 더 큰 의미가 있다. 앞으로 남긴 물건과 함께 생활해야 하기 때문이다. 남긴 물건이 여러분을 치유하고 여러분에게 활력을 주며 꿈과 희망을 가져다준다.

그러면 지금부터 물건을 하나씩 마주하며 버릴지 말지 판단해보자. 물건이 너무 많으면 무엇부터 손대야 할지 망설여질 것이다. 하지만 그다지 어렵지 않으니 안심하기 바란다. 물건의 장점, 판단의 용이성 등을 고려해서 다음과 같은 순서대로 판단하면 된다.

① 지갑

② 책상(문구, 서류 등)

③ 미디어(CD, DVD 등)

④ 식료품

⑤ 의류

⑥ 작은 생활용품

⑦ 추억의 물건

① 지갑, ② 책상, ③ 미디어는 앞에서 이미 설명했다. ④ 식료품은 유통기한을 보고 버릴지 말지 쉽게 판단할 수 있기 때문에 순서를 앞에 두었다.

⑦ 추억의 물건은 앨범, 수첩, 일기, 편지 등이다. 이런 물건을 정리·정돈하다보면 금세 추억에 빠져 시간을 오래 잡아먹기 마련이다. 결국 버리지도 못하고 시간만 낭비하기 십상이다. 추억의 물건은 '물건을 버리는 기술'이 높아진 다음에 처분해도 늦지 않다.

이번 장에서 다루는 정리·정돈의 개념과 방법은 ⑤ 의류, ⑥ 작은 생활용품을 비롯한 모든 정리·정돈에 적용할 수 있다.

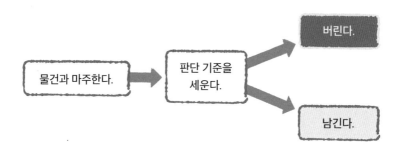

버릴지 말지 '판단 기준'부터 세워라

방에는 여러 가지 물건이 있다. 아무 기준 없이 그 많은 물건마다 버릴지 말지 일일이 고민하다보면 시간이 너무 오래 걸린다. 먼저 판단 기준을 세워야 정리·정돈을 빠르게 진행할 수 있다.

판단 기준은 크게 2가지로 나눌 수 있다.

첫 번째 판단 기준은 '사용하지 못하는 물건은 버린다. 사용할 수 있는 물건은 남긴다'이다.

무뎌진 가위, 다 닳은 건전지, 켜지지 않는 전구, 유통기한이 지난 식료품 등 본래의 역할을 다한 물건은 '사용하지 못하는 물건'이다. 즉, '망가진 물건은 버린다'는 비교적 이해하기 쉬운 판단 기준이다.

사용하지 못하는 물건은 즉각 버리는 것이 원칙이지만 그중에는 수리해서 사용하고 싶은 물건도 있을 것이다. 구두나 가방은 충분히 수선해서 사용할 수 있다. 이때는 어느 정도 방치했는지를 판단 기준으로 삼는다. '수선해서 사용하자는 생각을 하고 나서 한 달 동안 방치하면 버린다' 등의 판단 기준을 정해두면 좋다.

두 번째 판단 기준은 '사용하지 않는 물건은 버린다. 사용하는 물건은 남긴다'이다.

가장 고민되는 물건은 '사용할 수 있지만 사용하지 않는 물건'이다. 읽다 만 책, 유행이 지난 옷, 듣지 않는 CD 등 아마 버리지 못하는 물건 대부분이 이에 해당할 것이다. '앞으로 사용할지도 모른다'라고 생각하지만 실제로는 사용하지 않는 경우가 대부분이므로 더욱 망설여진다.

이런 판단 기준을 정리하면 187쪽의 표와 같다.

나는 회사에서 '이 표의 판단 기준에 따라 물건을 나누어 버리라'고 지도하지만, 집에서 바로 적용하기에는 복잡할 수 있다. 이 기준에 따라 한번 물건을 직접 버려봐야 겨우 익숙해질 것이다.

『인생이 빛나는 정리의 마법』의 저자 곤도 마리에는 물건을 버릴지 말지를 '감정 기준으로 판단해도 된다'라고 주장했다.

'감정'이라는 판단 기준은 혁신적이다. 물건을 보았을 때 설레는지 아닌지로 버릴지 말지 판단하는 것이다. 물건을 보고 '다시 사용하고 싶다', '멋지다', '예쁘다', '옛 추억이 떠오른다' 같은 긍정적인 감정이 생기는 것을 '설렘'으로 표현한다.

반대로 물건을 보고 '아무런 느낌도 없다', '언제 샀는지 기억이 안 난다', '더는 사용하고 싶지 않다', '나랑 어울리지 않는다' 같은 부정적인 감정이 생기면 버린다.

'설렘'이라는 키워드는 사람에 따라 와닿지 않을 수도 있다. 그런 사람은 '좋다, 싫다'라는 감정 기준으로 판단하면 된다. 이 감정 기준은 매우 간단하므로 활용하지 않을 이유가 없다. 자신이 정리·정돈의 초보자라면 처음에는 감정 기준에 따라 물건을 버릴 것을 권한다. 너무 어려운 기준을 사용할 필요 없이 '좋다'와 '싫다'만으로 판단하면 된다. 자신의 본능을 따르면 좋아하는 물건만 곁에 두고 생활할 수 있을 것이다.

다만, 감정 기준은 집에서만 적용될 뿐이다. 회사에서는 사용할 수 없다. 회사에서 감정 기준을 적용하면 아마 모든 물건을 버려야 할 것이다. 회사의 물건은 기능 기준, 사용 기준, 편리 기준 등의 판단 기준을 적용해서 버려야 한다.

● 물건을 버릴지 말지 판단하는 기준

버리기
쉽다.

기능 기준	사용 기준	편리 기준
사용하지 못하는 물건	망가진 물건	
	수리할 예정인 물건	
사용할 수 있는 물건	사용하지 않는 물건	사용할 필요가 없어진 물건
		앞으로 사용할지도 모르는 물건
	사용하는 물건	한 달에 한 번 정도 사용하는 물건
		편리하고 도움이 되기 때문에 자주 사용하는 물건

버리기
어렵다.

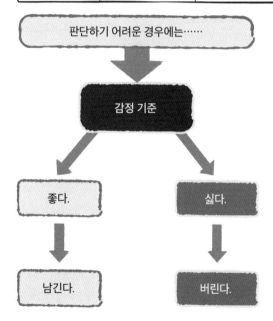

판단하기 어려운 경우에는……

감정 기준

좋다.

싫다.

남긴다.

버린다.

2장.

내가 버리면 **주변 사람**들도 버린다

●

가족의 물건을 멋대로 버려선 안 된다

혼자 사는 사람은 거주 공간의 모든 물건을 자기 판단에 따라 정리·정돈할 수 있다. 그러나 가족과 함께 사는 사람은 가족의 물건을 어떻게 정리·정돈해야 할지 고민스러울 것이다. 자기 눈에는 쓸데없어 보이는 가족의 물건을 버리지 못해 안달이 난 사람도 많다. 부모가 아이에게 "쓸데없는 물건 좀 버려!"라고 소리치면, "다 필요한 거야!"라는 대답이 돌아오기 마련이다. 물건을 버리느니 마느니 하며 가족끼리 말다툼을 하기도 한다.

이처럼 자신에게 정리·정돈의 의식이 싹트면 가족의 물건도 어떻게

든 정리하고 싶어지는 법이다. 그렇다고 해서 다른 사람의 물건을 함부로 버려서는 안 된다. '정말 아무짝에도 쓸모없는 물건이니 내가 대신 버려준다'는 식의 친절은 괜한 참견일 뿐이다. '버려도 눈치채지 못하겠지' 하고 몰래 가져다 버리면 언젠가는 들통 나고 만다.

가족에게서 신뢰를 잃으면 나중에 어떤 물건이 없어질 때마다 억울한 누명을 쓰게 된다. 나도 아들의 물건을 상의도 없이 버린 '전과'가 있다. 지금도 아들은 자기 물건이 없어질 때마다 "아빠가 또 마음대로 버렸지?" 하며 나를 원망하곤 한다.

그러면 정리·정돈을 하지 않는 가족을 어떻게 대하면 좋을까? 중요한 점은 남을 바꾸려 하지 말고 자신을 바꿔야 한다는 데 있다. 말로 상대방을 설득해서 그 사람의 행동을 바꾸기는 어렵다. 그러므로 입으로 말하지 말고 행동으로 보여야 한다.

여러분부터 물건을 철저히 버려서 가족의 모범이 되기 바란다. 사실 가족의 물건이 많다면 그만큼 여러분의 물건도 많다는 뜻이다.

가족이 놀러 나가면 나도 놀러 나가고 싶어지고, 가족 중 누군가가 이를 닦으면 나도 이를 닦고 싶어진다. 먹는 음식이 비슷비슷하니 가족끼리는 입맛도 닮는다. 이처럼 가족끼리는 서로의 행동이 전염되기 마련이다. 따라서 여러분이 정리·정돈을 하면 가족도 정리·정돈을 하고 싶어질 것이다. 가족이 정리·정돈하지 않고 있다는 사실은 여러분이 아직 철저히 정리·정돈을 하지 않는다는 증거이기도 하다.

가족이 보는 앞에서 즐겁게 정리·정돈을 하자. 그러면 가족도 정리·정돈을 하고 싶어 몸이 근질근질해질 것이다.

'버리는 물건'은 가족에게 보여주지 않는다

여기서 주의할 점이 있다. 정리·정돈하는 행동을 가족에게 적극 보이더라도, 버리는 물건은 보여주면 안 된다.

모처럼 버리려고 결심했는데, 가족(특히 어머니)이 "이 물건은 좀 버리기 아까운데" 하며 도로 가져갈 수 있기 때문이다. 특히 부모님께서 사주신 물건이라면 버려야 한다고 고집을 부리기가 더욱 어려울 것이다.

또한, 가족이 분리수거를 해야 한다며 버리는 물건을 보여달라고 할 수도 있다. 따라서 처음부터 완벽히 분리한 다음 자신이 직접 쓰레기장에 재빨리 가져다 버려야 한다. 가족에게 자신의 물건을 버리는 일을 부탁해서는 안 된다.

자신에게 필요하지 않은 물건을 가족에게 주지도 말아야 한다. 이것은 물건을 처분하는 것이 아니다. 물건이 놓이는 장소를 자신의 영역에서 가족 중 누군가의 영역으로 이동시켰을 뿐이다. "필요 없는 물건은 나한테 줘"라고 말하는 가족은 '버리기엔 아까우니까' 혹은 '공짜니까' 받으려는 것이다. 이래서는 물건을 버릴 수 없다. 자신이 내려야 할 결단을 가족에게 미루는 꼴이다.

가족이 정말 갖고 싶어 하는 물건 외에는 쓰레기봉투에 곧장 넣어 버리자.

3장

미련 **없이** 버리는 대청소의 **4원칙**

●

버리지 않는 것은 정리·정돈이 아니다

물건을 버리는 노하우는 과거에 정리·정돈의 달인들이 이미 가르쳐
주었다. 정리·정돈 붐을 일으킨 책은 다쓰미 나기사의 『버리는! 기술』
(2008년, 이레 역간)이다. 일본에서 100만 부 이상 팔린 베스트셀러이기
에 많은 이들이 읽어봤을 것이다. 이 책 이후에 수많은 정리·정돈 책
이 출판되었는데, 모든 책의 본질은 다르지 않다. 정리·정돈의 본질이
자 첫걸음은 바로 '버리기'다.

대청소를 할 때는 많은 물건을 한꺼번에 버려야 하는데, 버리겠다
는 결단을 내리는 데는 마음가짐이 중요하다.

여기에서는 효율적으로 버릴 수 있는 대청소의 4원칙을 소개하겠다.

① 버려서 후회하는 물건은 거의 없다

'감정 기준'으로 버린 후에 '버리지 말걸' 하고 후회하는 일은 거의 없다. 솔직히 말하면 나는 가끔 후회할 때가 있지만 없어도 그다지 지장이 없는 물건들뿐이어서 실제로 크게 곤란했던 적은 없었다. 따라서 과감히 버려도 아무런 문제가 없다!

② '언젠가 사용할지도 모른다'고 할 때, 그 '언젠가'는 영원히 오지 않는다

옷, 식기, 책 같은 것은 '언젠가 사용할 물건이기 때문에 남기겠다'고 결정하는 경우가 많다. '버리기 아까우니까 일단 갖고 있겠다'는 기분은 충분히 이해할 수 있다. 하지만 '언젠가 사용할 물건이기 때문에 일단 갖고 있겠다'는 생각은 결단을 뒤로 미룰 뿐이다. 결국 버리게 되는건 마찬가지다.

1년 동안 사용하지 않은 물건은 '앞으로도 사용하지 않을 물건'이라고 판단하면 된다. 물건의 역할이 끝났다고 생각하고 "그동안 고마웠다" 한마디 한 후 과감히 버린다.

③ 대상을 정하고 버린다

방에 있는 모든 물건을 동시에 정리·정돈하기는 어렵다. 모든 것을 한

꺼번에 완벽하게 처리하려다가는 좌절하기 십상이다.

'지갑', '책상' 등 대상을 명확히 정한 다음에 그곳만 집중적으로 정리·정돈하는 편이 좋다. 한 군데를 완벽하게 끝내면 성취감을 맛볼 수 있고, 성취감이 쌓이면 '나는 바뀔 수 있다!'는 자신감도 함께 생겨난다.

의욕이 떨어지거나 감을 잃어버리지 않도록 최대한 짧은 기간 내에 버리는 작업을 끝내야 한다. 의욕이 솟지 않는 날에도 일단 정리·정돈을 시작하면 점점 즐거워지고 오랜 시간 지속할 수 있다(이를 '작업 흥분'이라고 한다). 이런 작업 흥분을 여러 번 경험하면, '일단 시작해보자!' 하는 의식이 싹튼다.

④ 모든 물건을 대상으로 삼는다

'책은 일할 때 사용하니까 무조건 남기겠다', '추억의 편지는 한 장도 버리지 않겠다' 등의 생각으로 '무조건 남기는 물건'이 있어서는 안 된다. 이런 물건이라도 정말 필요한 것인지, 버려야 할 것인지 일단 손에 들고 '감정 기준'에 따라 판단해보기 바란다.

추억의 물건, 나밖에 가치를 몰라보는 물건은 가족이 보기에 쓰레기일 뿐이다. 또한, 손님용 컵이나 손님용 이불, 격식 차린 의상 등은 굳이 갖고 있을 필요가 없다.

물건은 사용해야만 비로소 가치를 지니는 법이다. 아무 생각 없이 물건을 모으지 말고, 모든 물건과 하나하나 마주하면서 고민하기 바란다.

이상의 4원칙을 마음에 새기고 대청소를 시작해보자!

물건도 **자기 자리**가 필요하다

●

사용한 다음에는 꼭 제자리에

지하철 개찰구 앞에서 승차권이나 교통카드를 찾지 못해 당황한 적은 없는가? 남성은 옷 주머니를, 여성은 가방 안을 샅샅이 뒤질 것이다. 나도 몇 번 그런 경험이 있어서 안다. 급하면 더 찾기 어려워지고 그만큼 더 초조해진다. 모조리 뒤졌는데도 승차권이나 교통카드를 찾지 못하면 운임을 한 번 더 내야 하는 사태를 겪게 된다.

나는 물건을 찾는 시간만큼 인생에서 낭비되는 시간은 없다고 생각한다. '아주 작은 시간'이라고 생각할지 모르지만 그런 시간이 쌓이면 어마어마하게 큰 시간이 되는 법이다. 물건 찾는 시간을 없애면 낭비

196

하는 시간을 줄일 수 있고 그만큼 가치 있는 시간을 늘릴 수 있다.

물건 찾는 시간을 줄이려면, 모든 물건의 제자리를 정해두고 지켜야 한다. 물건을 사용한 후에는 반드시 제자리에 되돌려놓아야 한다. 그러면 그 물건이 필요할 때 곧바로 꺼내 쓸 수 있다.

그래서 나는 바지 오른쪽 앞주머니에 승차권을 넣고, 왼쪽 뒷주머니에 교통카드를 넣기로 정했다. 또한, 왼쪽 앞주머니에는 휴대전화를, 오른쪽 뒷주머니에는 손수건을 넣는다.

정리·정돈에서 '정리'는 물건을 버리는 일이고, '정돈'은 바로 꺼내쓸 수 있도록 물건을 두는 일이다. 따라서 정돈은 정리·정돈의 두 번째 단계이며, 정돈까지 끝내야 정리·정돈의 모든 과정이 일단락된다.

정돈의 비결은 3정(定)

정돈의 방법은 '3정(定)'으로 표현할 수 있다. 3정은 '물건을 정(定)위치에, 정(定)품으로, 정(定)량만큼 둔다'는 뜻이다. 이 중에서 '정위치(제자리)'가 정돈의 첫걸음이다.

정해진 제자리가 없으면 물건을 되돌려놓을 수가 없으므로 아무데나 적당히 두게 된다. 그러면 다음에 그 물건을 사용하려는 사람(가족 등)이 물건을 찾는 데 어려움을 겪는다. 자신이 직접 어떤 장소에 물건을 두었어도 시간이 지나 다시 사용하려고 찾을 때 어디에 두었는 지조차 잊어버리고 마는 경우도 비일비재하다.

영화관에 갔는데 자기 자리에 남이 앉아 있으면 몹시 난처하다. 원래 이 물건이 있어야 할 자리에 다른 물건이 있으면 곤란하다. 그래서 '정해진 장소에 정해진 물건을 두어야' 한다. 이때 '정해진 물건'이 바로 '정(定)품'을 의미한다.

'정위치'에 '정품'이 있다고 해도 산처럼 쌓여 있거나 너무 꽉 들어차 있으면 꺼내기가 어렵다. 그러므로 '정해진 양'만 두어야 한다. 이것이 바로 '정(定)량'이 뜻하는 바다.

정량을 정하는 방법은 수납공간의 최대 90%를 기준으로 한다. 최소 10%는 여유를 두어야 한다. 가능하면 70%를 수납하고 30%의 여유를 두는 것이 바람직하다. 여유 공간은 물건을 꺼내기 쉽도록 만들어줄 뿐만 아니라, 나중에 다른 물건을 둘 때도 필요하다.

일단 '어디(정위치)에 무슨 물건(정품)을 얼마나(정량) 둘지' 정한다. 이 '3정'만 확실히 정한다면 정리·정돈은 끝난 것이나 마찬가지다.

곧바로 꺼낼 수 있는 장소에 두기

3정은 '곧바로 꺼낼 수 있도록 하는 것'이 목적이다. 그러므로 아무 불편 없이 찾아 쓴 후 손쉽게 되돌려놓을 수 있는 위치로 정하는 것이 중요하다.

물건의 정위치를 정할 때 '가위는 거실에', '볼펜은 연필꽂이에', '풀은 책상에' 하는 식으로 처음부터 너무 상세하게 정하면 나중에 헷갈린다. 우선은 '책', '문구류', '전자제품' 등 카테고리를 크게 나누고 먼저 카테고리별로 대략적인 위치를 정한다.

이렇게 대략적인 위치를 정하게 되면 '어느 주변에 어떤 카테고리의 물건이 있다'는 전체적인 감각을 기를 수 있어서 좋다. 그러고 나서 카테고리를 세분화하면 좀 더 정확히 물건의 위치를 기억할 수 있다. 이 때 너무 세분화하면 오히려 물건의 제자리를 기억하기 어려워지므로 주의한다. 따라서 모든 카테고리는 각각 3개의 소분류로만 나누는 것이 좋다.

물건의 제자리는 사용하는 장소, 빈도, 미관 등을 고려해서 결정한다. 아무리 비슷한 물건이라도 사용하는 장소나 빈도가 다르면 따로 보관한다. 예를 들어 나는 온 가족이 사용하는 자동차 열쇠나 벽장 열쇠는 현관문 옆의 열쇠 보관함에 넣어두지만, 나만 사용하는 열쇠는 서랍 속에 넣는다.

또한 보관 장소가 너무 멀리 떨어져 있으면 정리·정돈하기 힘들다. 물건은 사용하는 장소에서 최대한 가까운 곳에 두는 것이 원칙이다. 예를 들어 CD 수납장은 CD 플레이어 근처에 두어야 한다.

● 카테고리 분류 예

그 물건은 아마
그 주변에 있을 거야!

대분류(물건을 두는 장소)	중분류	소분류
책(책장)	공학서(첫 번째 단)	화학(오른쪽)
		에너지(가운데)
		제조(왼쪽)
	경제경영서(두 번째 단)	정리·정돈(오른쪽)
		자기계발(가운데)
		투자(왼쪽)
문구류(책상 주변)	매일 사용하는 물건(연필꽂이)	
	1주일에 한 번 사용하는 물건(두 번째 서랍)	
	작은 전자제품(세 번째 서랍)	

우선은 대분류별로 물건의
대략적인 위치를 정한다.

각 카테고리는 3가지로만 분류한다.
너무 세분화하면 기억하기 어렵다.

방 안에도 일등지가 있다

사용하는 빈도가 높은 물건은 제자리에 되돌려놓기 쉽도록 방 안의 '일등지'를 제자리로 정한다. 여기서 '일등지'란 방에서 가장 물건을 꺼내기 쉬운 곳을 말한다. 일등지를 의식하지 않으면 거의 사용하지 않는 물건이 방 안의 일등지를 차지하게 된다. 도쿄의 화려한 일등지인 긴자에 볼품없는 커다란 창고가 들어선다면 비싼 땅값이 아깝게 느껴질 것이다. 이와 마찬가지로 방 안의 일등지에도 꼭 필요하고 자주 사용하는 물건이 들어서야 잘 어울린다.

또한, 물건을 두는 장소의 높이에는 '스트라이크존'이라는 개념이 있다. 물건에 손이 닿는 범위를 야구의 스트라이크존에 빗댄 것이다. 서 있을 때 사용하는 물건이나 의자에 앉았을 때 사용하는 물건이나 스트라이크존은 어깨와 무릎 사이의 범위로 똑같다(202쪽 그림 참조).

마지막으로 정량에 관해서 이야기하자면, 정량은 수납공간에 꽉 들어차는 양을 기준으로 정하면 된다. 이때 물건을 꺼내기 쉽도록 여유공간을 10~30% 남겨두는 것을 잊지 않는다. '여유 공간이 없으면 버린다'는 원칙을 정하면 물건이 넘쳐나는 일이 없다.

여분의 물건은 하나만 남기거나 전혀 남기지 않도록 한다. 여분의 물건은 되도록 보관하지 않는다. 만약 쓰던 물건이 떨어지면 새로 사면 된다. 대부분의 물건은 며칠 동안 없어도 생활에 큰 지장이 없다.

● 물건의 스트라이크존

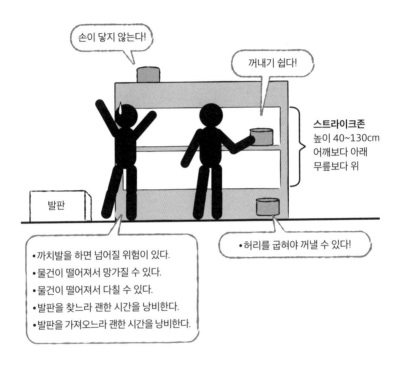

급하게 필요할 때는 약간 비싸더라도 편의점에 가면 원하는 물건을 바로 살 수 있다. 치약이 떨어져도 호들갑을 떨 필요가 없다. 칫솔로만 양치해도 플라크(plaque)를 어느 정도 제거할 수 있기 때문이다.

● 여분의 물건은 최소한으로 줄인다

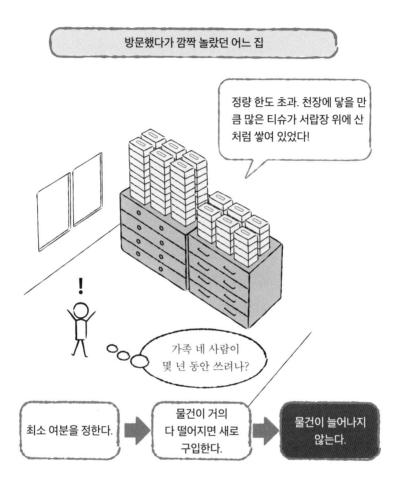

방문했다가 깜짝 놀랐던 어느 집

정량 한도 초과. 천장에 닿을 만
큼 많은 티슈가 서랍장 위에 산
처럼 쌓여 있었다!

!

가족 네 사람이
몇 년 동안 쓰려나?

최소 여분을 정한다. → 물건이 거의
다 떨어지면 새로
구입한다. → 물건이 늘어나지
않는다.

5장

돈 되는 버리기 기술, **되팔기**

●

정리·정돈 초보자는 오직 버리는 것에만 집중

정리·정돈을 하며 버리기로 결정한 물건은 바로 쓰레기장에 내놓는다. 아깝더라도 눈 딱 감고 버려야 한다. 가장 중요한 것은 지금까지 쌓아온 인생의 묵은 때를 벗기고, '새롭게 태어나는' 기분을 느끼며, 다시 의욕이 충전된 상태를 만드는 데 있다.

그러기 위해서라도 정리·정돈을 막 시작한 초보자는 오로지 '쓰레기를 즉각 처분'하는 데만 집중해야 한다.

물건은 저절로 증식하는 특성이 있기 때문에, 정리·정돈을 두세 번 거듭하다보면 정리·정돈의 기술이 점점 높아질 것이다.

정리·정돈 중급자의 되팔기 기술, 중고품점 활용

정리·정돈의 중급자가 되면 불필요한 물건을 팔아 수입을 올리는 방법도 검토할 수 있다. 책은 헌책방에, 옷은 중고 전문 매장에, 상품권은 금권숍(상품권, 우표, 기차표 등을 거래하는 가게-옮긴이)에, 귀금속은 금은방에 팔 수 있다. 이는 버리는 물건을 재활용하는 방법이다.

일반적으로 중고품은 자신이 생각한 가격보다 싸게 팔리는 것이 현실이다. 나는 처음으로 헌책방에 책을 팔러 갔을 때, '0이 하나 빠진 게 아닐까?' 하는 생각이 들 만큼 싼 가격에 책이 팔려서 의아했던 적이 있다.

중고품점에서는 취급하지 않는 물건이라며 매입해주지 않을 때도 있다. 나는 "이런 고물딱지를 누가 사요?"라는 말을 듣고 창피를 당한 적도 있다. 중고품업자는 물건의 상태를 보고 되팔 수 있는 물건만 매입한다. 중고품업자도 이익을 남겨야 하니 어쩔 수 없는 일이다.

따라서 중고품점에서는 욕심을 버리고 '한 푼도 못 받고 버리는 것보다야 조금이라도 돈을 받고 파는 편이 낫다'는 심정으로 물건을 팔아야 한다.

또한 중고품점에 가는 수고와 교통비도 고려해야 한다. 모처럼 물건을 팔았는데 교통비도 안 나온다면 적자이기 때문이다.

정리·정돈 상급자의 되팔기 기술, 인터넷 옥션

상급자는 인터넷 옥션에서 불필요한 물건을 파는 방법도 생각해볼 수 있다. 옥션(auction)이란 공개된 장소에서 가격을 경쟁시켜 파는 방식을 말한다. 구매자 중에서 판매 물건(출품)에 대해 가장 높은 가격을 제시한 사람이 상품을 살 수 있다(낙찰).

인터넷에서 물품이 가장 활발히 거래되는 옥션은 야후 옥션이다. 인터넷 중고품 판매 사이트와 달리, 야후 옥션은 참가자가 전 세계에 걸쳐 있기 때문에 물건을 팔기가 비교적 쉽다.

알고 있는 것과 직접 해보는 것은 하늘과 땅 차이다. 따라서 한번 물건을 출품해서 경험을 쌓아보기 바란다. 나는 야후 옥션을 통해 지금까지 250개 이상의 물건을 팔았다.

야후 옥션을 활용하면 정리·정돈을 통해 직접적으로 돈을 모을 수 있다. 야후 옥션의 장점은 중고품점에서 갖는 중간 마진이 없어서 그만큼 높은 가격으로 팔 수 있다는 점이다. 야후 옥션에서는 오프라인 중고품점에서는 취급하지 않는 물건도 팔 수 있고 예상을 뛰어넘는 높은 가격으로도 팔 수 있다. 판매 물품이 다양한 만큼 폭넓은 수요에 대응할 수 있는 셈이다.

단점은 오프라인 중고품점과 달리 영업과 판매를 자신이 직접 맡아야 하므로 시간과 노력이 필요하다는 점이다.

내가 처음으로 야후 옥션에서 판 물건은 다 읽은 소설책 3권이었다. 1500엔에 구입한 3권의 소설책을 야후 옥션에서 700엔에 팔았다. 헌책방에 팔았다면 30엔 정도밖에 받지 못했을 것이다. 헌책방보다 약 23배나 되는 가격으로 판 셈이다.

2만 3000엔에 구입한 '고타쓰(일본 전통 책상식 난방기구-옮긴이) + 방석 + 방석 커버' 세트는 서양식 바닥재로 지어진 집으로 이사하면서 필요 없어져서 야후 옥션에 출품했다. '과연 이런 물건이 팔릴까?' 하며 반신반의했지만, 구매 희망자가 여러 명 나타나 6200엔에 낙찰되었다. 원래 가격의 27%로 되파는 것은 오프라인 중고품점에서는 상상도 할 수 없는 일이다.

아무리 필요한 물건만 사려고 노력해도 생활환경이 바뀌면 불필요한 물건이 나오기 마련이다. 특히 이사할 때는 불필요한 물건들이 쏟아져 나온다.

육아와 관련된 물건도 금세 필요 없어진다. 유아용 시트, 그림책, 유아 교재, 아동용 옷걸이, 장난감, 욕조 의자, 유아용 컵……. 아이는 금방 자라기 때문에 사용하지 않는 물건이 잔뜩 쌓이게 된다.

나는 아이에게 한때 잠시 필요한 물건을 야후 옥션에서 사서, 다시 야후 옥션에서 되팔기도 했다. 마치 돈을 내고 잠시 빌려 쓴다는 느낌이다. 이처럼 남이 쓸 수 있을 만큼 상태가 좋은 물건이라면 언제 어디서든 팔 수 있다.

유행이나 자신의 취향이 바뀌어서 사용하지 않게 되는 물건도 있다. 내 아내는 사용하지 않는 액세서리, 가방, 구두 같은 물건이 수두룩했는데 내가 죄다 팔아버렸다(그중에는 내가 선물한 물건도 있었지만). 아내의 물건 중에는 고급 브랜드 제품도 많았기 때문에 꽤 비싼 가격으로 팔 수 있었다.

야후 옥션으로 부수입 올리기

야후 옥션을 적극 활용해서 부업으로 삼을 수도 있다. 내가 복주머니(福袋, 일본의 백화점이나 각종 매장에서 새해를 맞아 종이 가방 안에 여러 가지 물건을 무작위로 넣고 판매하는 상품이다. 안에 들어 있는 상품이 무엇인지 모르기 때문에 값비싼 물건이 들어 있기를 바라며 산다-옮긴이)를 샀을 때의 일이다. 복주머니에 든 5개의 물건 중에 2개는 나에게 필요 없었다.

그래서 필요 없는 두 개의 물건을 야후 옥션에 출품했더니 복주머니를 구입한 금액과 거의 같은 가격으로 팔 수 있었다. 그러자 복주머니에 들어 있던 3개의 물건을 거저 얻은 셈이 되었다. '야후 옥션으로 돈을 벌 수 있겠구나!' 하고 느낀 순간이었다.

이익을 내려면 상품 사진을 예쁘게 찍고, 상품 설명서를 설득력 있게 적는 등 고객의 신뢰를 얻는 일련의 과정을 자신이 직접 해야 한다. 물건을 매입해서 되파는 것이 장사의 기본이기 때문에 야후 옥션을 활용하면서 사업가의 마음가짐도 다질 수 있다. 정리·정돈을 넘어 새로운 수입원을 발견했다는 의미에서 야후 옥션은 나에게 소중한 경험이었다.

중고품점에서 팔리지 않는 물건, 특정한 사람만 흥미를 보이는 물건, 값싸게 얻은 물건이 있다면 야후 옥션에서 되팔아 부수입을 올릴 수 있다. 벼룩시장, 중고품점, 아웃렛, 외국에서 우연히 싸게 구입한 고급 브랜드 제품도 야후 옥션에서 비싸게 팔 수 있다.

하지만 야후 옥션으로 수입을 올리려면 많은 어려움이 따른다. 물건을 매입할 때 위험을 감수해야 할 뿐만 아니라 개인 간 거래를 꺼리는 사람도 많다. 일정 금액 이상의 수입을 올리면 사업자로서 세금 신고도 해야 한다. 도가 지나치면 본업에 지장을 주기도 한다. 따라서 인터넷 옥션 판매는 어디까지나 자신이 책임질 수 있는 범위 내에서만 해야 한다.

되팔기를 전제로 물건을 구입하라

나는 정리·정돈을 하며 버리기로 결심한 물건을 야후 옥션에 출품했는데 팔린 물건도 있지만 안 팔린 물건이 더 많다. 팔린 물건과 안 팔린 물건을 쭉 늘어놓고 살펴봤더니 팔린 물건에는 팔릴 만한 이유가 있었음을 깨닫게 되었다.

나는 그 이후로 애초에 '야후 옥션에서 되팔 것'을 전제로 물건을 사게 되었다. 앞으로 남에게 팔 물건이라고 생각하면 그 물건을 더욱 소중히 다루게 되고 그만큼 오래 사용할 수 있다. 그리고 야후 옥션에 팔 물건은 책장 구석에 모아놓고 어느 정도 쌓이면 한꺼번에 출품하게 되었다. 나는 어디까지나 불필요한 물건을 처분하기 위해 야후 옥션을 이용하지만 비교적 만족할 만한 금액을 회수하고 있다.

중고품 옥션은 정리·정돈을 하면서 맛볼 수 있는 보너스다. 인터넷 경매를 잘 활용하면 정리·정돈이 더욱 재미있어질 것이다.

필요한 물건 **싸게 사는 법**

●

싸게 사기 위한 3가지 방법

정리·정돈을 철저히 하면 필요한 물건을 고르는 눈이 높아진다. 하지만 아무리 필요한 물건이라도 무심코 사다보면 비싼 가격을 치르기 십상이다. 그러므로 물건을 살 때는 '최대한 싸게' 사도록 노력해야 한다. 물건을 싸게 사기 위한 3가지 방법은 '① 저렴한 가게에서 사기, ② 할인권 활용하기, ③ 유지비까지 염두에 두기'이다.

① 저렴한 가게에서 사기

같은 물건이라도 어떤 종류의 가게에서 사느냐에 따라 가격이 달라진다. 일반적으로 유통채널 성격상 가격이 싼 순서대로 말하면 '인터넷 쇼핑몰 → 슈퍼마켓 → 편의점' 순이다.

나는 자주 사용하는 생활용품, 책, 가전제품을 언제나 인터넷 쇼핑몰에서 구입한다. 가전제품은 가격 비교 사이트에서 여러 쇼핑몰의 가격을 조사한 후 가장 싼 쇼핑몰에서 산다. 가격 비교 사이트는 가전제품의 기본적인 사양도 비교할 수 있고 다른 구매자의 후기도 읽을 수 있어서 기종을 선정하는 데 많은 참고가 된다.

구입할 기종이 정해지면 가장 저렴한 인터넷 쇼핑몰을 조사한 후 그곳에서 산다. 급하게 살 필요가 없다면 가격 변동 추이를 살피며 가장 저렴해질 때를 기다렸다가 사기도 한다. 신제품은 발매된 지 3~4개월이 지나면 가격이 내려가는 경우가 흔하다.

상품의 색, 디자인, 질감을 눈으로 직접 확인하고 싶다면 가전제품 전문점에 간다. 가전제품 전문점에 가서 살 때도 그 자리에서 스마트폰으로 가격 비교 사이트를 검색하며 점원과 흥정한 후 구입한다.

예전에는 점원에게 값을 깎아달라고 하면 "정 그러시다면 인터넷에서 사십시오" 하고 핀잔을 주며 강하게 나왔다. 하지만 요즘 오프라인 매장은 인터넷 쇼핑몰의 엄청난 위력을 무시할 수 없어서인지 손님과의 가격 흥정에 좀 더 부드럽게 대응하는 추세다. 약간의 수고와 용기만 있다면 몇천 엔을 깎을 수도 있기 때문에 가격 흥정을 한번 시도해 볼 만하다.

편의점은 24시간 열려 있어 편리하므로 무심결에 들러 물건을 사게 된다. 그러나 알다시피 편의점은 정가로 판매하므로 가격이 비싸다. 따라서 편의점에서 물건을 사지 않는 것이 절약의 기본이다.

신문이나 잡지는 어느 가게를 가든 같은 가격이므로 편의점에서 사도 문제가 되지 않는다. 하지만 음료수는 편의점보다 슈퍼마켓에서 훨씬 싼 가격에 살 수 있다.

편의점에서도 상품에 따라서는 슈퍼마켓과 비슷한 가격으로 판매하기도 한다. 하지만 어떤 상품이 싸고 어떤 상품이 비싼지 따로 알아봐야 하는 수고를 고려할 필요가 있다. 요컨대 편의점은 '지금 당장 물건이 필요한 경우'나 '근처에 다른 가게가 없어서 어쩔 수 없는 경우'를 제외하면 이용하지 않는 게 상책이다.

'내일은 어떤 물건이 필요한지'를 생각한 후 사전에 값싼 슈퍼마켓에서 사는 것이 중요하다. 날마다 편의점이나 자동판매기에서 같은 음료수를 사는 사람이라면 차라리 인터넷에서 박스째 구입하는 것이 훨씬 싸게 먹힌다.

② 할인권 활용하기

할인권은 해당 시설의 홈페이지나 전단지 혹은 쿠폰북 등에서 얻을 수 있다. 또한 할인권을 전문적으로 제공하는 사이트도 있다.

할인권은 고객을 유인하기 위한 상술의 하나로, 특히 지방에 있는 숙박 시설과 오락 시설 및 음식점이 할인권을 많이 제공한다. 인터넷으로 지방의 맛집과 숙박 시설의 할인권을 구해서 여행을 떠나거나 데이트를 즐기는 것도 좋다.

③ 유지비까지 염두에 두기

자동차를 유지하려면 기름값이 들고, 프린터를 유지하려면 잉크값이 든다. 물건을 살 때 이런 유지비를 고려하는 것이 좋다. 그러려면 자신이 구입할 물건을 얼마만큼의 빈도로 사용할지 예측해야 한다.

자동차 가격만 따져보면 휘발유 자동차가 싸지만, 비싼 기름값을 생각하면 하이브리드 자동차가 오히려 더 쌀지도 모른다. 세탁기를 살 때는 물과 세제를 얼마나 소비하는지 살펴봐야 하고, 에어컨을 살 때는 소비 전력을 따져야 하며, 수첩을 살 때는 리필 속지의 가격을 알아야 한다. 이처럼 물건을 살 때는 물건의 유지비를 포함한 모든 비용을 고려해야 한다.

예를 들어 속지를 계속해서 갈아 끼울 수 있는 '시스템 수첩'이 1만 엔이고, 속지를 갈아 끼울 수 없는 '스프링 수첩'이 2000엔이라면 어느 쪽을 사야 이득일까? 당장에는 스프링 수첩을 사는 것이 이득일 것이다. 하지만 시스템 수첩은 2년째부터 해마다 1000엔의 속지만 갈아 끼우면 되지만, '스프링 수첩'은 해마다 2000엔을 주고 새것을 사야 한다.

이처럼 시스템 수첩은 가격이 비싸지만 9년 이상 계속 사용하면 '스프링 수첩'보다 이득이다. 다만, 과연 9년 이상 사용할 수 있을지가 관건이다. 자신의 메모 습관을 고려해서 결단을 내리는 수밖에 없다.

물론 모든 물품을 유지비까지 생각하며 살 필요는 없다. 자주 사용하는 물건이나 정말 마음에 드는 물건이라면 유지비가 많이 들어도 구입할 가치가 있다.

● 유지비를 고려한다

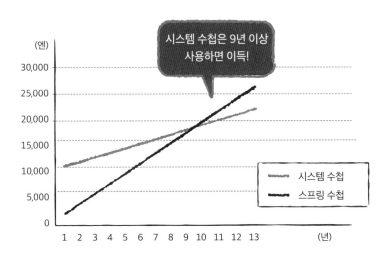

절약의 핵심, 필요한 물건을 오랫동안 소중히 사용하는 것

절약하려면 필요한 물건만 싸게 사는 것이 철칙이다. 그리고 전체적인 지출을 줄이려면 구입한 물건을 오랫동안 사용해야 한다.

오랫동안 사용할수록 절약이 된다는 사실은 감각적으로 이해할 수 있겠지만 217쪽의 모델로 다시금 설명하겠다.

①은 물건을 새로 사서 바꾸는 빈도가 같을 때 비싸게 사는 경우와 싸게 사는 경우를 비교한 것이다. ②는 같은 가격으로 샀을 때 물건을 일찍 바꾸는 경우와 오랫동안 사용하는 경우를 비교한 것이다.

③은 ①과 ②가 동시에 일어난 경우다. 즉, 비싼 물건을 자주 바꾸는 경우와 싼 물건을 오랫동안 사용하는 경우를 비교한 것이다. ③에서 총지출의 차이는 확연하다. 싼 물건을 오랫동안 사용하는 경우가 확실히 절약으로 이어짐을 알 수 있다.

모든 물건을 '오랫동안 사용해야' 하는 것은 아니다. 소모품이나 잡화는 싼값에 사서 부담 없이 소비하면 되고 식료품은 유통기한만 신경 쓰면 충분하다. 그러므로 오랫동안 사용해야 하는 물건은 비교적 값이 비싸고 내구성이 있는 물건에 한한다. 구체적으로는 몸에 걸치는 물건(의류, 신발, 시계 등), 가구, 전자제품 등이다.

조금 비싸도 오랫동안 사용할 수 있다면 그림 ④처럼 싼 물건을 여러 번 새로 사는 경우보다 오히려 지출이 줄어든다.

●싼 물건을 오랫동안 사용할수록 절약할 수 있다

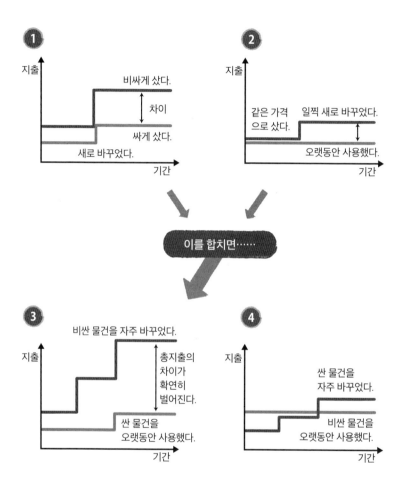

물건을 살 때 주의해야 할 점은 질리지 않는 디자인과 색(기본적인 스타일), 그리고 내구성이다. '몸에 걸치는 물건'은 유행을 타기 때문에 '사용할 수 있지만 사용하지 않는' 물건이 생길 수 있다. 하지만 기본적인 스타일의 옷, 신발, 시계를 고른다면 유행에 흔들리지 않고 오랫동안 사용하게 될 가능성이 높아진다.

가구는 망가질 때까지 사용하는 경우가 많으므로 튼튼하기만 하면 오랫동안 사용할 가능성이 높다. 목제 가구는 부분적으로 망가지더라도 쉽게 수리할 수 있다. 전체적으로 색이 바래면 도장을 새로 할 수도 있다.

집도 깨끗이 유지하면 오랫동안 사용할 수 있다. 사는 집이 자신의 소유라면 집 수선비를 자신이 직접 내야 한다. 전셋집이라 해도 이사할 때 집주인에게 수선비를 물어주어야 하는 경우가 생긴다. 어떤 경우에든 집을 험하게 사용한 대가를 치러야 하는 셈이다.

특히 담배를 조심해야 한다. 실내에서 담배를 피우면 담뱃진 때문에 천장이나 벽이 누렇게 변한다. 아무리 닦아도 지워지지 않으면 벽지를 통째로 바꿀 수밖에 없다. 전셋집의 벽지 교환 비용은 세입자의 몫이다(우리나라의 경우 전세 계약 내용에 따라 달라지지만, 일반적으로 전세 계약기간 내 벽지를 교체할 때는 보통 세입자가 비용을 부담한다. http://maeulcoop.tistory.com/22 참조-편집자). 그러니 담배를 피우려면 밖에 나가서 피워야 한다. 물론 절약을 위해서는 담배를 끊는 것이 가장 좋다.

7장

청소는 절약으로 가는 지름길

청소, 물건을 오랫동안 사용하기 위한 생활의 지혜

『꿈을 이루어주는 코끼리』(2008년, 나무한그루 역간)라는 책이 있다. 코끼리 머리를 지닌 인도의 신 가네샤가 평범한 회사원에게 지혜의 말을 들려주어 성공하도록 도와준다는 줄거리다. 이 책은 일본에서 170만 부 이상 팔렸고, 2008년에 드라마로도 제작되었다.

　『꿈을 이루어주는 코끼리』에서는 가네샤가 주인공에게 여러 가지 과제를 하나씩 주며 실천하도록 한다. 성공을 향한 첫걸음으로 가네샤가 지시한 과제가 바로 '구두를 닦으라'는 것이었다.

　메이저리그 야구 선수 스즈키 이치로는 '신성한 생계 수단을 함부로 다룰 수 없다'며 연습이 끝나면 항상 글러브를 깨끗이 닦는다고 한다. 『꿈을 이루어주는 코끼리』의 가네샤는 "샐러리맨이라면 날마다 일할 때 신는 구두를 소중히 다루어야 해!"라고 말하며 주인공에게 구두를 닦으라고 시켰다. 주인공은 '구두를 닦는다고 정말 성공할까?' 하고 반신반의했지만, 실제로 구두를 닦아보니 왠지 성공에 한 걸음 다가간 것 같은 기분이 들었다.

나도 예전에는 구두 닦기를 귀찮아했다. 그러다 『꿈을 이루어주는 코끼리』를 읽고 나서 속는 셈 치고 구두를 닦아봤더니 어쩐지 앞으로 일이 술술 잘 풀릴 것 같은 느낌이 들었다. 지저분한 구두가 점점 깨끗해지는 모습이 얼마나 후련했는지 모른다. 반짝반짝 빛나는 구두를 신고 회사로 가는 길은 얼마나 상쾌한지! 출근하는 동안 몇 번이고 구두를 내려다보며 만족스러운 미소를 지었다. 새로 산 구두만큼 반짝거리지는 않지만, 깨끗이 닦은 구두를 신고 있노라니 업무 의욕이 불타올랐다.

그러자 구두를 좀 더 잘 닦아보려는 연구도 하게 되었다. 구두약, 솔, 슈키퍼 같은 구두 관리에 필요한 도구를 사 모으게 되었고, 전문 구두닦이에게 기술을 배우려고까지 생각했다. 구두에 대한 집착이 생겨날 정도였다.

구두, 지갑, 수첩은 아무리 값비싸고 질이 좋아도 관리하지 않으면 금세 허름해진다. 하지만 관리를 잘하면 반영구적으로 사용할 수 있다. 좋은 물건은 돈만 많이 내면 얼마든지 살 수 있다. 하지만 그 좋은 물건을 유지하려면 사용하는 사람이 물건을 제대로 관리하겠다는 의식을 지녀야 한다.

물건을 소중하게 관리하는 게 바로 절약이다

절약의 시점에서 봤을 때, 구두를 닦다보면 '구두창이 얼마나 닳았는지' 금방 알아차릴 수 있다. 구두창이 완전히 닳으면 교체 비용이 들어간다. 수선하지 못할 정도로 닳으면 구두를 버려야 할 수도 있다.

이처럼 물건을 소중히 닦다보면 이상이 생긴 부분을 일찍 발견할 수 있다. 완전히 망가지기 전에 이상을 발견하면 얼른 고쳐서 물건의 수명을 늘릴 수 있다. 그만큼 절약할 수 있다. 이는 구두뿐 아니라 모든 물건에 통용되는 사고방식이다.

물건을 닦음으로써 기분도 좋아지고 적극적인 마음도 지닐 수 있다. 게다가 물건에 관심도 높아져서 오랫동안 사용할 수 있게 된다.

물론 모든 물건을 깨끗이 닦을 수는 없겠지만 특별히 아끼는 물건, 업무상 필요한 물건, 값비싼 물건만큼은 조금씩이라도 닦으려고 노력해보자.

● 빨리 알아차리면 간편하게 고칠 수 있는 것들

구두창

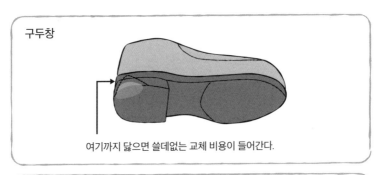

여기까지 닳으면 쓸데없는 교체 비용이 들어간다.

커튼레일의 흔들림

나사가 느슨하다.

레일

커튼

나사를 단단히 조인다. 방치하면 나사가 제 기능을 하지 못한다.

바닥재가 뜸

목공용 본드로 접착한다. 방치하면 바닥재가 완전히 벗겨지고 만다.

방 청소는 곧 마음 청소

'청소하면 절약이 된다'는 논리는 차치하고, 사람이라면 누구나 본능적으로 자기 집을 청소해서 기분 좋게 지내려는 욕구가 있다. 깨끗이 정리·정돈되어 먼지 한 톨 보이지 않는 호텔 방에서는 느긋하고 편안하게 쉴 수 있는 법이다. 방도 호텔처럼 깨끗이 정리·정돈해서 '좋은 기분'을 느끼고 싶기 마련이다.

나는 '좋은 기분'이라는 말을 좀 더 파고들면, '오감으로 느끼는 즐거움'이라고 생각한다. 오감이란 시각, 후각, 촉각, 청각, 미각이다. 이 가운데 청각과 미각은 방 청소와는 직접 관계가 없다. 따라서 청소하면서 느끼는 '좋은 기분'이란 시각, 후각, 촉각으로 느끼는 즐거움이다.

시각은 방의 밝기와 관계가 있다.

밝기는 사람의 심리에 커다란 영향을 미친다. 그래서 매장이나 사무실에서는 조명을 밝혀서 활동적인 분위기를 만든다. 반대로 편안히 쉬거나 잠잘 때는 방을 어둡게 한다. 조명의 밝기에 의해 사람의 기분이 확연히 달라지는 셈이다.

따라서 거실이나 서재는 밝은 조명을 사용해야 한다. 그리고 조명 기구와 유리창을 깨끗이 청소해서 밝기를 유지해야 활동적이고 긍정적인 기분을 느낄 수 있다.

조명 기구를 청소하지 않으면 먼지와 죽은 벌레가 쌓여서 어두워지므로 정기적으로 청소해서 밝기를 유지해야 한다. 때가 끼면 햇빛이 잘 들어오지 않기 때문에 유리창 청소도 중요하다.

'대청소를 해서 조명과 유리창을 깨끗이 닦으면 방 안을 밝게 유지할 수 있다'는 사실은 경험을 통해 누구나 알고 있을 것이다.

후각은 방의 냄새와 관계가 있다.

환기하지 않으면 공기는 정체되고 썩는다. 몇 달 동안 비어 있어서 환기가 제대로 되지 않은 집에 들어가면 뭐라 형용할 수 없는 먼지와 곰팡내를 맡을 수 있다.

사실 집 자체에서도 냄새가 발생한다. 냄새의 발생 원인은 배수구 또는 건축 자재에 쓰인 화학 물질이다. 욕조, 싱크대, 변기, 세면기의 배수구에서 물이 증발하면 배관에 들러붙은 오물 냄새가 퍼진다. 또한 건축 자재의 화학 물질은 벽지나 바닥재의 접착제에서 뿜어져 나온다.

물론 사람이 생활하면 냄새의 발생 원인이 더욱 늘어난다. 사람의 호흡 때문에 이산화탄소가 증가하고 옷에 붙은 먼지나 청소기의 배기로 공기가 오염된다.

냄새의 발생 원인이 무엇이든 간에 공기가 정체되어 있으면 즉각 환기를 시켜야 한다. 지저분한 공기를 내보내고 신선한 공기를 들이는 것이다.

신선한 공기는 사람의 의욕을 불러일으킨다. 따라서 무언가 행동을 시작할 때 창문을 완전히 열면 기분 좋은 공기가 들어와 '자, 시작해보자!' 하는 기분을 일으킨다.

매일 아침 일찍 환기하자. 추운 겨울날이라도 상관없다. 정리·정돈이나 공부를 시작할 때도 창문을 활짝 열어보자. 분명히 몸도 마음도 상쾌해지면서 '전투태세'에 돌입할 수 있을 것이다.

촉각은 방의 감촉과 관계가 있다.

구체적으로는 먼지를 제거하고 망가진 부분을 수리하는 일이다. 이는 청소의 기술이 필요하므로 다음 장에서 설명하겠다.

8장

청소에도 기술이 있다

●

생활용품점을 100% 활용하라

나는 먼지를 제거하고, 때를 벗기고, 물건 닦는 일을 통칭해서 '청소'라고 정의한다. 앞에서 말했듯이 청소의 목적은 물건을 오랫동안 사용하고 기분 좋게 지내는 데 있다. 물건을 오랫동안 사용하면 절약으로도 이어진다.

물건이 망가져 있으면 기분이 나쁘다. 하지만 평소에 물건을 자주 닦고 방을 청소하다보면 물건이나 방 안의 이상을 일찍 발견해서 완전히 망가지기 전에 수리할 수 있다.

여기에서는 물건과 방을 어떻게 관리하고 수리할지 설명하겠다. 이

때 생활용품점을 잘 활용하는 것이 중요하다.

생활용품점에는 기발한 상품이 많다. 용도가 잘 이해되지 않는 상품은 점원에게 물어보면 된다. "○○○ 부분이 망가졌는데 고칠 방법이 있나요?"라고 물어보면 점원은 친절하게 관련 상품을 소개해 줄 것이다.

특히 도장이 벗겨진 물건에 새롭게 색을 칠하면 신상품처럼 보일 만큼 효과가 뛰어나다. 담, 울타리, 벽, 문, 목제 가구 등에 도장이 벗겨진 곳은 없는지 잘 살펴보자.

나는 버리려고 마음먹었던 20년 된 옷장 2개에 '밑져야 본전'이라는 심정으로 새로운 색으로 도장 작업을 했다. 그랬더니 매우 깔끔해져서 계속 사용했던 경험이 있다. 이전에는 옷장 2개의 색이 달랐는데, 같은 색으로 칠해서 통일감을 주자 방 분위기와도 잘 어울리게 되었다. 228쪽의 표는 내가 지금까지 수리하는 데 사용한 편리한 물건들이다.

청소 도구를 잘 알아야 청소가 편해진다

방 청소를 할 때는 원칙적으로 위에서부터 아래로 먼지를 떨어낸다. 전기 제품은 배기구가 먼지로 막혀 있으면 열이 발생해 고장 나기 쉬

● 내가 스스로 해결한 집 안의 문제와 상품

문제점	상품	내용
도장이 벗겨졌다.	도료, 붓, 희석액, 마스킹 테이프	칠하는 물건에 따라 도료의 종류가 다르다. 실외용·실내용·금속용·콘크리트용·나무용 등의 도료가 있다. 밑칠이 필요한 도료도 있다.
미닫이문을 여닫을 때 뻑뻑하다.	문지방 테이프	미닫이문의 문지방 레일 부분에 붙여서 미끄럽게 만드는 테이프다.
도장이 벗겨져 문틈으로 바람이 들어온다.	방풍 테이프	외풍을 막아 냉난방 효과를 높인다. 눈에 보이지 않는 꽃가루나 미세 먼지도 막을 수 있다.
욕실 거울에 늘 김이 서린다.	물때 제거제	거울을 닦아서 물때를 벗기고 반짝거리게 한다.
벽지가 지저분해졌다.	벽지용 멜라민 스펀지	약간의 때는 멜라민 스펀지로 닦아낼 수 있다.
벽지가 찢어졌다.	벽지용 풀	방치하면 점점 젖혀지며 떨어질 수도 있으므로, 하루빨리 풀로 단단히 붙인다.
방충망이 찢어졌다.	방충망 패치	작은 구멍은 방충망 패치로 막을 수 있다. 망과 틀을 구입해서 통째로 교체하는 방법도 있다.
기둥이나 문에 접착제 흔적이 남아 있다.	접착제 제거제	접착제의 흔적은 끈적끈적해서 쉽게 지워지지 않는다. 하지만 접착제 제거제로는 쉽게 지울 수 있다.
바닥에 흠집이 생겼다.	바닥재 수리 세트	바닥 흠집 제거 펜슬로 칠한다. 바닥재 수리 테이프도 있다.

우므로 배기구의 먼지를 청소기로 빨아들여야 한다. 물건에 들러붙은 때는 물걸레로 깨끗이 닦아낸다.

청소 도구 중에서 가장 강력한 것이 멜라민 스펀지와 탄산수소나트륨이다.

멜라민 스펀지는 물을 적셔 때를 문지르면 멜라민 입자에 의해 깔끔하게 닦이는 '만능 청소 도구'다. 물로는 떨어지지 않는 때도 멜라민 스펀지로 쉽게 닦을 수 있다. 세제를 쓰지 않고 물만 적셔 사용하는데다 어떤 때도 쉽게 닦아낼 만큼 강력하므로 손쉽게 사용할 수 있다는 장점이 있다.

탄산수소나트륨은 기름때나 창문을 닦을 때 사용한다. 기름때는 미끌미끌해서 물로는 잘 씻을 수 없다. 하지만 약알칼리성인 탄산수소나트륨을 사용하면 찰싹 들러붙은 기름때도 거짓말처럼 쉽게 떨어진다. 탄산수소나트륨의 위력에 감탄할 정도다.

화장실을 청소하거나 곰팡이를 제거할 때는 산성 세제를 사용한다. 세제만 잘 활용해도 청소가 쉬워지므로 세제에 대한 여러 가지 지식을 알아두면 편리하다. 덧붙여, 알칼리성 세제와 산성 세제를 섞으면 독성 가스가 발생하므로 조심해야 한다.

모든 물건을 깨끗이 닦고 모든 방과 모든 장소를 청소하기는 무척이나 어렵다. 따라서 아끼는 물건과 아끼는 장소만 청소하는 것만으로 충분하다. 처음에는 귀찮다고 느끼겠지만, 실제로 청소를 시작해보면 생각만큼 힘들지는 않다. 마음속의 묵은 때마저 벗겨지며 스트레스도 날아간다.

청소 자체가 스트레스를 없앨 뿐 아니라 청소 후 깨끗해진 공간에서 편안히 지내면서 몸과 마음의 에너지도 충전할 수 있다.

재테크,
돈을 부르는 **환경**부터 만들어라

누군가 보고 있으면 정리·정돈을 하게 된다

마지막으로 내가 어떻게 정리·정돈의 기술을 익혔는지 소개하겠다. 돌이켜보면 나는 정리·정돈 습관이 몸에 밸 수 있는 환경에서 생활했다고 할 수 있다.

고등전문학교(고등학교와 전문대학을 합쳐놓은 형태의 5년제 학교―옮긴이) 입학시험을 준비할 때 '공부에 전념하고 싶다'는 이유로 집에서 작은 독방을 사용하게 되었다. 처음에는 공부용 책상과 책장밖에 없었지만 고등전문학교에 입학한 후에는 사정이 달라졌다. 오디오에 빠지는 바람에 아르바이트로 번 돈을 탈탈 털어 앰프, 스피커, CD플레이어 등을 사 모으기 시작했다. 좁은 방은 오디오 관련 물품으로 꽉 차서 다른 물건을 두면 잠잘 공간도 없어질 정도였다. 이 때문에 잠자리를 마련하기 위해 정리·정돈하는 것이 습관이 되었다.

고등전문학교를 졸업한 후에는 지방 국립대학교에 진학했다. 집에서 통학할 수 없어서 대학교 기숙사에 들어갔다.

기숙사에서는 부엌, 화장실, 욕실을 공동으로 사용했다. 그리고 내가 배정받은 방은 문을 열면 실내가 훤히 들여다보이는 작은 방이었다. 중학생 때부터 대학원에 다닐 때까지 근 10년 동안 작은 방에서만 살았기 때문에 지나치게 많은 물건을 사지 않는 습관이 들었다.

기숙사에서는 많은 친구와 함께 생활하며 식사도 같이하고 어울려 놀기도 했다. 그리고 시험공부를 같이 하거나 조별 과제를 하기 위해 서로의 방을 자주 왔다 갔다 했다. 친구가 예고도 없이 내 방에 들이닥치는 때도 있었기에 언제 방을 보여줘도 창피하지 않도록 평소에 정리·정돈을 해두는 게 일상이 되었다.

지금 생각해보면 '친구가 방에 자주 들이닥치는' 환경이 좋았는지도 모른다. 이것은 '호손 효과(Hawthorne Effect)'와 닮았다. 호손 효과란 '누군가가 자신을 지켜본다는 사실을 알아차리면 일의 효율이 높아지는 심리적 효과'를 말한다.

이는 미국 시카고의 웨스턴 일렉트릭 사의 호손 공장 실험에서 유래했다. 작업 환경과 생산성의 관계를 시험하기 위해 조명을 평소보다 밝게 켰더니 생산성이 향상되었다. 이번에는 반대로 조명을 평소보다 어둡게 켰는데 이때도 또 생산성이 향상되었다. 결국 생산성 향상은 조명이 원인이 아니라 공장 간부가 지켜보고 있다고 의식한 근로자들이 평소보다 열심히 일했기 때문이라는 결론에 이르렀다.

이사하면서 깨달은 정리·정돈의 힘

대학원을 졸업한 후, 한 제조 회사에 취직해서 회사 기숙사에서 살았다. 이전보다는 넓은 방이었지만 10년 동안 정리·정돈의 습관이 확실히 몸에 배었기 때문에 어쩌다 정리·정돈을 하지 않는 날이면 양치질을 하지 않은 것처럼 개운하지 않았다.

회사 기숙사에서는 책상을 방 가운데 두고 공부하며 자격증 시험에 힘을 쏟았다. 공부가 끝나면 꼭 정리·정돈을 했다.

취직한 제조 회사에서는 5S를 배웠고 정리·정돈이 비용을 줄인다는 사실을 몸소 체험했다. 가치를 낳는 것은 제품을 만드는 시간이며, 물건을 찾는 시간은 낭비되는 시간이라는 사실도 깨달았다. 물건 찾는 시간을 줄이려면 정리·정돈을 철저히 하고 '낭비되는 요소를 눈에 보이게' 해야 한다는 원칙을 생산 현장에서 실천하는 모습도 지켜보았다.

컨설턴트로 이직해서 정리·정돈을 지도하게 되자 정리·정돈 방법을 좀 더 갈고닦기 위해 책을 읽거나 공장에서 지도한 경험을 더욱 체계화해서 자신을 업그레이드시켰다. 그리고 나 자신도 정리·정돈을 열심히 실천했다. 정리·정돈을 지도하는 사람이 그것을 스스로 실천하지 않으면 양심에 걸리기 때문이다.

나는 지금까지 진학과 취직을 계기로 여섯 번 이사했다. 이사하기 전에는 앞으로 사용할 물건과 필요한 물건만 남겨야 비용을 줄일 수 있다. 그래서 어쩔 수 없이 물건과 하나하나 마주하며 버려야 할지 말아야 할지 판단하게 되었다.

물건을 버리는 일은 고통이었다. '아깝다'거나 '아직 쓸 수 있는데' 하는 생각이 머릿속을 맴돌았다. 하지만 고민 끝에 남긴 물건은 이사 후에 거의 사용하지 않았다. 없어도 큰 지장 없는 물건임을 깨달은 것이다. 나는 여섯 번 이사하면서 물건을 줄일 값진 기회와 경험을 얻었다.

친구나 애인을 집으로 자주 초대하라

내 인생을 돌이켜보면, 5가지 강제적인 정리·정돈의 환경이 갖춰진 덕분에 운 좋게도 정리·정돈의 기술을 몸에 익힐 수 있었다.

● 나의 이사 경험

	주거 연수	주거 형태	방의 수	건축 연수, 설비
중학교 3학년 ~고등전문학교 5학년	6년	자택	방 1개	오래된 건물
대학교 3학년~4학년	2년	대학교 기숙사	방 1개	욕조, 화장실 공동
대학원 1학년~2학년	2년	대학원 기숙사	방 1개	샤워실, 화장실
제조 회사 근무 1년 차 ~4년 차	4년	회사 기숙사	방 1개	욕조, 화장실 공동
제조 회사 근무 5년 차 ~6년 차	2년	사택	방 2개	35년 된 건물
컨설턴트 1년 차~4년 차	4년	임대 아파트	방 3개	30년 된 건물
컨설턴트 5년 차~현재		임대 아파트	방 3개	15년 된 건물

① 물건을 놓지 못하는 좁은 방: 2평 이하의 방에서만 살아서 물건을 제대로 놓지 못했다.

② 친구가 자주 방문하는 방: 남에게 방을 보여줬을 때 창피하지 않도록 항상 정리·정돈을 해두었다.

③ 물건을 버리는 의식 양성: 여섯 번 이사하면서 물건과 일일이 마주할 기회가 많았다.

④ 정리·정돈 방법 공부: 근무한 회사에서 정리·정돈의 방법을 배우고 실천했다.

⑤ 정리·정돈 추구: 정리·정돈을 지도하는 처지가 되어 정리·정돈 방법을 더욱 개발하게 되었다.

정리·정돈에 한해서는 최상의 환경이었다. 그러나 정리·정돈 이외의 분야에서는 좌절하거나 포기한 적이 많았다.

누구에게나 경험이 있겠지만, 도전한 일이 100% 성공하지는 않는다. 성공과 실패 사이에 어떤 요인이 있는지 생각했더니 커다란 요인은 '환경'이었다. 좋은 환경에서는 원하는 성과를 쉽게 올릴 수 있고 환경이 좋지 않으면 실패하기 십상이었다.

다시 말해, 어쩔 수 없이 정리·정돈해야 하는 환경을 스스로 만들어내면 정리·정돈을 쉽게 해낼 수 있다. 그렇다고 해서 '정리·정돈을 익히기 위해 좁은 방으로 이사하라'는 이야기는 아니다. 정리·정돈을 실천하기 위한 좋은 방법은 이 책으로 정리·정돈의 기술을 공부하고 1주일 후에 친구나 애인 혹은 이성 친구를 방으로 초대하는 것이다.

그러면 귀찮더라도 남에게 보여줄 수 있을 정도로 방을 정리·정돈하게 된다. 밤샘 청소를 하든 뭘 하든 젖 먹던 힘까지 짜내서 정리·정돈을 할 수밖에 없는 상황이기 때문이다. 그런데 주의할 점은 정리·정돈을 마무리하고 나서 초대하겠다는 생각을 해서는 안 된다는 것이다. 그런 생각으로는 영원히 정리·정돈을 시작할 수 없다. 정리·정돈이 안 된 상태에서 먼저 초대하겠다고 선언한 후 정리·정돈을 시작하는 것이 올바른 순서다. 정리·정돈하기 전에 먼저 친구를 초대하면 자신에게 정리·정돈의 마감 기한을 부여하는 셈이기 때문에 강제성을 띠게 된다.

그리고 한 번만 초대하지 말고, 거듭 여러 번 초대해야 정리·정돈의 동기를 꾸준히 유지할 수 있다. 또한, 정리·정돈은 남에게 보여줄 수 있을 정도라고 스스로 이해할 때까지 집요하게 해내야 한다.

초대하는 대상은 지저분한 방을 보여주기가 덜 창피한 사람부터 순서대로 정하는 것이 좋다. 예를 들어 처음에는 '친한 동성 친구'를 초대했다가, 그다음에는 '친한 이성 친구'를, 그다음에는 '애인'을, 또 그다음에는 '애인의 부모'를 초대하면서 점차 난도를 높여간다.

블로그에 내 방을 공개하라

블로그에 정리·정돈 기록을 공개하는 방법도 정리·정돈의 의욕을 높인다.

방을 정리·정돈하기 전과 후의 상태를 사진으로 찍어 블로그에 공개하는 것이다. 그리고 '다음번에는 ○○○를 정리하겠습니다!' 하고 선언하면 약속을 지키기 위해서라도 정리·정돈을 하게 된다.

나도 정리·정돈 습관을 블로그에 공개함으로써 정리·정돈을 꾸준히 실천할 수 있게 되었다. 블로그에 글을 쓸 때는 의식적으로 내용을 정확히 올리려고 노력하기 때문에 상세한 정리·정돈 지식까지 올바로 습득할 수 있었다.

또한, 비슷한 주제의 블로그와 링크하면 서로 자극이 된다. '저 블로그 운영자는 정리·정돈을 열심히 하네. 나도 힘내야겠다!' 하는 다짐을 하게 되고, 인터넷상에서 동료 의식이 싹트며 서로 의욕을 북돋울 수 있다. 그러므로 정리·정돈 습관을 들이려면 블로그를 활용할 것을 적극 권한다.

정리·정돈에 관한 블로그는 정리·정돈 전문가부터 주부나 학생에 이르기까지 다양한 사람이 운영하고 있다. 어느 블로그에든 참고할 만한 내용이 가득하므로, 자신에게 맞는 블로그를 찾아 열람해보기 바란다.

정리·정돈을 함께하는 동료를 만들어서 서로의 정리·정돈 상황을 체크해주는 것도 좋은 방법이다. 정리·정돈과 관련된 모임에 적극 참여해서 뜻이 맞는 동료를 찾아보기 바란다. 가끔 만나는 사이라도 좋은 정리·정돈 동료가 될 수 있다.

사람은 남의 행동을 보면서 변화하는 존재다. 정리·정돈 강사나 정리·정돈 컨설턴트의 지혜와 더불어 정리·정돈을 실천하는 동료의 에너지 넘치는 행동이 여러분의 의욕을 높여줄 것이다.

정리·정돈, 절대 의욕만으로는 안 된다

정리·정돈을 꾸준히 실천하지 못하는 이유는 여러 가지가 있겠지만, 가장 큰 문제는 강제성이 없기 때문이다. "내일까지 방 안의 물건을 30개 이하로 줄이지 않으면 사형이다!"라는 법이 있다면 누구나 필사적으로 정리·정돈을 해서 반드시 목표를 달성해낼 것이다. 사형당하는 것에 비하면 아깝더라도 미련 없이 물건을 버리는 편이 훨씬 낫기 때문이다.

이처럼 의욕만으로는 정리·정돈을 꾸준히 실천할 수 없다. 정리·정돈은 인생의 우선순위에서 항상 뒤로 밀리기 마련이다. 의지력에만 의존해서는 반드시 실패한다.

● 정리·정돈을 하기 전과 후

정리·정돈하기 전

정리·정돈한 후

블로그에 정리·정돈의 성과를 공개하면
정리·정돈의 동기를 꾸준히 유지할 수 있다.

'의욕만 있으면 뭐든지 할 수 있다'는 말은 도망치려는 핑계일 뿐이다. 가장 중요한 것은 정리·정돈의 의욕을 꾸준히 높일 수 있는 환경을 만드는 일이다. 환경이 다듬어져야 비로소 행동을 시작할 수 있다.

'정리·정돈을 할 수밖에 없는 환경'이란 곧 남들의 눈이 자신을 감시하는 환경이다. 보는 눈이 많을수록 정리·정돈은 더 원활히 진행된다.

여기에서는 '친구나 애인 초대하기', '블로그에 공개하기', '정리·정돈을 함께하는 동료를 만들어서 서로 체크해주기' 등의 방법을 소개했다. 덧붙여 여러분만의 독창적인 방법도 한번 생각해보기 바란다.

정리·정돈은 **꿈**을 이루어주는 **마법**이다

●

본문에서 소개한 『꿈을 이루어주는 코끼리』라는 책은 고객 기업의 이사님이 추천해주셔서 읽은 책이다. 당시 내가 컨설턴트로서 정리·정돈을 지도하고 있던 멤버에게는 "이사님이 추천해주신 책이니 꼭 한번 읽어보세요"라고 말했다. 물론 나도 이 책을 읽었다. 멤버들이 이 책을 읽기 전에는 내 지도가 잘 먹히지 않았지만, 책을 읽고 난 후에는 멤버들이 내 지도를 잘 따르기 시작했다.

　그 이유는 『꿈을 이루어주는 코끼리』라는 책에서 '실패하는 사람의 가장 중요한 원인'으로 '남의 말을 듣지 않는 행위'를 제시했기 때문일 것이다.

　"혼자서만 생각해서 결과가 나오지 않으니 지금 이런 상황이 된 거잖아? 자신의 방법으로 안 된다면 남의 말을 잘 듣고 실행하는 방법 말고 또 어떤 방법이 있겠어?"

이것은 『꿈을 이루어주는 코끼리』에서 코끼리 신 가네샤가 주인공에게 한 말이다. 나는 이 말을 읽고 '이게 진리다!' 하는 느낌에 눈이 번쩍 뜨였다.

성공하는 사람의 방법을 흉내 내고 책에 쓰인 방법을 그대로 따르는 일, 갑자기 한꺼번에 되지는 않을지라도 가능한 범위 내에서 실천해보는 일이 얼마나 중요한지 새삼 깨달은 것이다.

책을 읽는 것만으로는 절대 정리·정돈을 할 수 없다. 일단 지갑부터라도 좋으니 무엇이든 정리·정돈을 실제로 시작해봐야 한다.

나는 정리·정돈의 힘이 강해지면 다음과 같은 사이클이 생겨날 것이라고 믿는다.

자기 방을 정리·정돈한다 → 다니는 회사를 정리·정돈한다 → 회사의 효율이 높아진다 → 회사의 수익이 늘어난다 → 나라가 부강해진다!

정리·정돈을 하면 자신이 부자가 될 수 있을 뿐만 아니라 나라까지 부강하게 만들 수 있다. 그러기 위해서는 우직한 실천밖에 답이 없다. 첫 번째도 실천, 두 번째도 실천, 세 번째도 실천! 이 책을 읽고 독자 여러분께서 함께 실천해주신다면 더 바랄 나위가 없겠다.

돈을 부르는 기적의 **정리·정돈법**

●

누구에게나 돈은 중요하다. 돈을 싫어하는 사람은 아마 세상에 없을 것이다. 더 나은 미래를 꿈꾸는 사람이라면 현재 부유하든 가난하든 돈을 모으려고 노력하기 마련이다.

하지만 돈을 충분히 벌고 차곡차곡 모으기가 쉽지 않은 것이 세상살이다. 돈 나갈 곳은 많은데, 돈 들어올 곳은 없다. 그래서 많은 사람이 돈을 모으기 힘들어한다. 돈만큼 골치 아픈 문제는 또 없을 듯싶다.

'좀 있으면 아기가 태어나는데…….' '계약 기간이 끝나면 전세금을 올려줘야 할 텐데…….' '요즘 대학교 등록금이 비싸다던데…….'

이런 고민이 생기면 어떻게 할까? 혹시나 갑작스럽게 큰 병에 걸린다면? 비용 문제로 본의 아니게 결혼을 미루게 된다면? 세상을 살다보면 목돈이 필요한 상황과 여러 번 맞닥뜨린다. 그런 상황이 닥치면 아마 '지금까지 돈도 안 모아두고 뭐 했을까?' 하고 뼈저리게 후회할지도 모른다.

이처럼 돈 문제로 고민하는 일은 괴롭다. 그러나 그런 고민은 미래를 위해 저축해야겠다는 의식을 높인다는 긍정적인 측면도 있다. 우리는 미래에 대해 불안을 느끼기 때문에 일찌감치 돈을 모아 대비하고자 한다.

이 책의 저자는 미래를 대비하는 저축의 해법을 '정리·정돈'에서 찾는다. 정리·정돈을 하면 낭비하는 습관이 줄어들어 저절로 돈이 쌓인다는 것이다. 정리·정돈만 하면 돈이 쌓인다니 언뜻 생각하면 믿기지 않는다. 그러나 이 책의 저자는 이미 경험으로 정리·정돈의 효과를 입증해냈다.

사실 돈 모으기나 정리·정돈의 방법론에 관한 정보는 우리 주변에 수두룩하게 널려 있다. 그와 관련된 책이나 기사도 무수히 쏟아져 나왔다. 하지만 이 책처럼 돈 모으기와 정리·정돈의 관련성에 집중한 내용은 찾아보기 힘들다. 돈을 모으기 위해 정리·정돈을 활용한다는 발상은 무척이나 참신하다.

돈을 모아야 한다는 필요성은 알고 있지만 정작 몸이 따라주지 않는다면 어떻게 해야 할까? 저자는 정리·정돈부터 시작하라고 이야기한다. 일단 돈을 모으려고 마음먹었지만 금방 싫증내는 성격 탓에 이내 포기하고 싶어진다면? 불필요한 물건을 사 모으는 습관을 버리려고 한다면? 저자는 역시 정리·정돈으로 이 모든 문제를 해결할 수 있다고 주장한다.

이처럼 정리·정돈은 '돈을 모으겠다는 다짐'을 하는 일이고, '낭비하는 습관'을 버리는 일이며, '돈을 모으기 위한 최적의 환경'을 만드는 일이다.

돈을 모으는 일은 생각만큼 쉽지 않다. 하지만 정리·정돈을 발판으로 삼는다면 '저축'의 단계로 올라가는 길이 한결 수월해진다.

여러분도 혹시 다가오는 미래에 목돈이 필요하지 않은가? 하루하루 먹고살기에만 바빠 더 나은 미래를 꿈꾸지 못하는 상황은 아닌가? 내일의 성공을 향해 달려나가고 싶다면 이제부터 저자의 말에 귀를 기울여보자. 이 책에 쓰여 있는 방법대로 정리·정돈을 시작한다면, 이미 절반쯤은 돈을 모으는 데 성공한 셈이다.

이 책에 사용된 각종 자료는 일본을 배경으로 하고 있다. 같은 시대를 사는 이웃 나라의 상황이기 때문에 우리나라와 크게 다르지 않다. 경제·문화적 유사성이 있어 읽기에 큰 불편이 없을 것이다. 그래도 세부적으로 우리나라는 어떤지 궁금해할 독자가 있을 것 같아서 필요해 보이는 부분에 '옮긴이 주'를 덧붙였다. 독자들이 내용을 이해하는 데

도움이 되면 좋겠다.

저자는 맺음말에서 정리·정돈을 '우직하게 실천'하는 것이 중요하다고 강조한다. 그리고 옮긴이도 이 말에 공감한다. 머릿속에 아무리 많은 방법이 들어 있다 하더라도 실천하지 않으면 아무짝에도 쓸모없는 지식에 지나지 않는다. "구슬이 서 말이라도 꿰어야 보배"라는 말도 있듯이, 옮긴이도 저자와 마찬가지로 실천의 중요성을 이야기하고 싶다.

　지금 당장 여러분의 지갑을 뒤져, 안 쓰는 신용카드부터 잘라버리는 건 어떠신지?

옮긴이 씀

지갑 | 방 | 책상

부의 시작점

초판 1쇄 발행 2014년 1월 13일
2판 1쇄 발행 2023년 6월 1일

지은이 하네다 오사무
옮긴이 이용택

기획·책임편집 김성수 편집 김윤하 디자인 이정민 마케팅 배희주 김선진
브랜딩 함유지 함근아 김희숙 고보미 박민재 박진희 정승민 배진성
저작권 박지영 형소진 최은진 오서영 모니터 이원주
제작 강신은 김동욱 임현식 제작처 한영문화사

펴낸곳 (주)교유당 펴낸이 신정민
출판등록 2019년 5월 24일 제406-2019-000052호

주소 10881 경기도 파주시 회동길 210
전화 031.955.8891(마케팅) 031.955.2680(편집) 031.955.8855(편집)
전자우편 gyoyudang@munhak.com

인스타그램 @thinkgoods 트위터 @think_paper 페이스북 @thinkgoods

ISBN 979-11-92968-21-6 03320

•아템포는 (주)교유당의 교양·자기계발·실용 브랜드입니다.